KEND DIN EGEN LIVSKVALITET

Kend din egen

livskvalitet

en lommefilosofisk
beregningsmetode

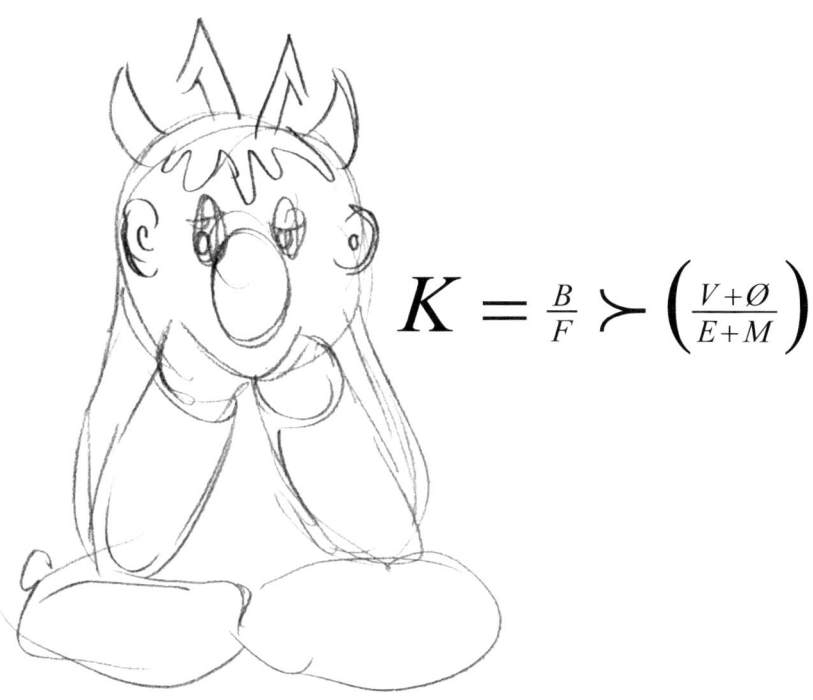

$$K = \tfrac{B}{F} \succ \left(\tfrac{V+Ø}{E+M} \right)$$

kun et middelmådigt menneske
er altid på toppen
Somerset Maugham

© 2014, 2015 Erik Bundgaard
tegninger: Erik Bundgaard

Forlag: Books on Demand GmbH, København, Danmark
Tryk: Books on Demand GmbH, Norderstedt, Tyskland

ISBN: 978-87-7170-256-9

INDHOLDSFORTEGNELSE

Forord og baggrund	**7**
Profitkarrusellen	**9**
Arbejdskraftkarrusellen	10
Slaveri	12
Slaveriets ophør....	13
Arbejderen opstod som begreb.	14
Landbruget begynder at efterligne industrien	16
Industrien får problemer	20
Kvalitetsbegrebet	**29**
Opfattelsen af kvalitet	**30**
Hvad er vores opfattelse af kvalitet?	30
Forventninger	**35**
Edward E. Lawlers forventningsteori	36
Motivationens styrke	37
Beslutningens effektivitet	**39**
Eggert Petersens teori	39
Det udvidede kvalitetsbegreb	**41**
Kvalitetsopfattelse og bevidsthed	42
Kvalitetsopfattelse ændrer sig	46
Normkvalitet contra behovskvalitet	**49**
A. H. Maslow's behovspyramide	**53**
Abraham H. Maslows behovshierarki	54
De fysiologiske behov	56
Trygheds/sikkerhedsbehov.	56
De sociale behov	57
Ego-behov.	57
Selvrealiserings-behov.	57
den 6. behovsgruppe (prestige-gruppen)	61
Maslow ifølge Maslow	**63**
Den ægte behovspyramide	64
Behovsbevidsthed og intelligens	**70**
Udviklingen i vore etiske normer	**74**
Livskvalitet?	**79**
Lykke-fænomenet	80
Livskvalitet for planter?	**87**
Teorien anvendt på potteplanter	88
Livskvalitet for dyr?	**91**
Teorien anvendt på dyr	92

Mink i fangenskab? 93
Hvad med hønsene? 94
Livskvalitet for mennesker 97
Teorien anvendt på mennesker. 98
Hvad med din livskvalitet? 103
Sådan spiller du spillet 106
Er du så tilfreds med din situation? 111
Hvordan tolkes resultatet 114
Nye behov 117
Hvordan kommer jeg videre 120
Handlingsplan 121
Andres gode råd - 123
Af børn og fulde folk 124
Lise Roos's "Jantelov" 126
Livskvalitetskagen 127
Sjælen og sommerfuglen, 129
Livskvalitet i et videre perspektiv 131
En fattig, men lykkelig fiskermand 132
Litteratur 133
Formelsamling 134
Efterskrift 136
Kan vi / skal vi overhovedet 'beregne'
livskvalitet? 136
Appendix A 138
Hjælpeskema 1 139
Hjælpeskema 2 140
Skema til beregning af livskvalitet 141
Forslag til tekst - Gule brikker 142
Forslag til tekst - Orange brikker 143
Forslag til tekst - Røde brikker 144
Forslag til tekst - Blå brikker 145
Forslag til tekst - Grønne brikker 146
Dine Notater 147

Forord og baggrund

Før man ved hvad kvalitet er, giver det ingen mening at tale om **livs**-kvalitet.

Hvis man så forsøger at kombinere livskvalitet med de forskellige tiltag, der er gjort for at få mennesker til at fungere optimalt i et arbejdsmiljø, er det nødvendigt at belyse hvad forudsætningerne for disse tiltag.

- Jeg opdagede, at de kræfter man havde lagt i at forske i motivation, frustration og konfliktløsning havde en finurlig bagside
- de kunne også anvendes udenfor et arbejdsforhold og det arbejdsrelaterede miljø.

Det gik mig på samme måde, som det gik de mennesker der i sin tid planlagde Danmarks første jernbane.
Man ønskede dengang at kunne bringe Københavns indbyggere ud i den friske natur og valgte domkirkebyen Roskilde som mål.
Da jernbanen endelig var færdig og blev åbnet, opdagede man, at foruden at få en jernbane fra København til Roskilde, havde man også fået en jernbane fra Roskilde til København. Denne jernbane kunne ikke blot bringe københavnerne hjem igen, - den kunne simpelthen også bringe roskildenserne til København!

Forskningen omkring produktion og produktivitet er et "nyt" forskningsområde, der først er kommet til indenfor de sidste ca. 195 år.

Udviklingen, der har ført frem til vort industrialisere-
de samfund, er skitseret i afsnittet "profitkarussel-
len".
At kende denne udvikling er nødvendig for at forstå,
hvorfor man fortsætter med at forfine forskningen og
forskningens resultater.
Sideløbende med at profitkarussellen stadig kører
rundt, er der sket en udvikling i vore etiske normer. –
Om det nu også er en udvikling, eller blot en tilbage-
venden til det oprindelige, må stå hen i det uvisse.

Disse afsnit danner baggrund for mit forsøg på, dels
ved hjælp af erhvervslivets (primært arbejdsgiversi-
dens) opskrifter på hvorledes mennesker kan an-
vendes med optimal udnyttelsesgrad i et arbejds-/
produktionsmiljø, dels for at skabe et billede af hvilke
forhold der skal til, for at vi kan fungere optimalt som
mennesker, i den livslange rolle som menneske.

Det handler således ikke om faglige kvalifikationer,
men om diffuse faktorer, som motivation, fysiske og
psykiske behov, trivsel, fællesskab, beslutningers
effektivitet etc., og i yderste konsekvens, paradoksalt
nok, i egoisme.

Erik Bundgaard
april 2014
.juni 2015 (mindre redaktionelle ændringer)

Profitkarrusellen

Do ut des.
Latin : Jeg giver, for at du skal give.
(i dag "noget for noget")

Profitkarrusellen
eller
Arbejdskraftkarrusellen

Vore nuværende etiske normer gør, at vi for alvor er begyndt at tænke over, om det nu også er godt for vore husdyr at vi udelukkende opfatter dem som værende et produktionsapparat, der skal sikre os fødevarer der overholder vore kvalitetskrav. Herunder forbrugerkravet om lavere priser.
De såkaldte forbrugerkrav er ofte et maskeret ønske om større profit i produktionsleddet.
Der er overhovedet intet forkert i at produktionsleddet ønsker større profit -
det er helt klart derfor man producerer,

og her starter karrusellen

den indtjente profit gør,
⇒ at man udvider produktionen
(altså flere i arbejde - mindre profit),
hvorefter man
⇒ rationaliserer (dvs. forenkler arbejds- / produktionsopgaver),
så der kan
⇒ produceres mere (samme antal eller færre i arbejde - større profit),
hvorefter den større profit gør,
⇒ at produktionen udvides endnu mere
(flere i arbejde - mindre profit),
hvorefter man
⇒ rationaliserer (forenkler arbejdsopgaver),
så der kan
⇒ produceres mere (samme antal eller færre i arbejde - større profit)
og så videre

10

Denne karrusel har kørt godt siden det allerførste menneske ansatte, eller rettere købte / stjal et andet menneske til at (tvangs-)udføre et stykke arbejde.

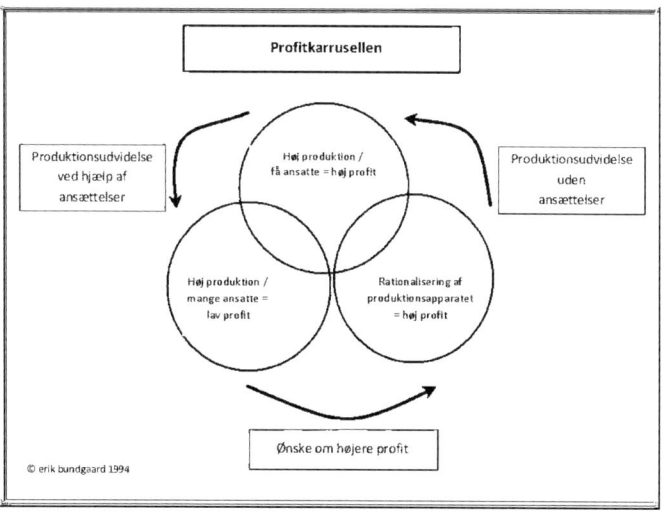

Slaveri ....

Vore etiske normer omfattede dengang *ikke* det menneske vi havde købt til at udføre arbejdet.

Vi opfattede dette **menneske** som et **produktionsapparat,** på lige fod med en spade.
Hvis spaden knækkede - købte vi da bare en ny;
og dog, hvis en spade mistede "erhvervs-evnen" forsøgte vi at reparere den ved at give den et nyt blad eller skaft afhængig af skadens art.

Hvis det købte menneske brækkede en arm eller et ben, var det hans eget problem at blive hel igen.
Lykkedes det ikke – tja.. så var det bare ærgerligt - for ham.
- Vi købte da bare en ny.

På et tidspunkt gik det op for flere og flere, at de købte mennesker ikke bare var et materielt produkti-onsapparat.
Hvis man passede og plejede dem nogenlunde, for-merede de sig, og på den måde var det muligt - næ-sten uden omkostninger - at udvide produktions-apparatet.
Avlsplanlægningen var dog formodentligt ikke sy-stematiseret, som man kendte det fra hesteavl.
Det var nødvendigt at købe en ny hoppe eller hingst i ny og næ for at sikre sig mod for meget indavl og dermed dalende effektivitet.
Så ... mon ikke erfaringerne fra hesteavlen har smit-tet af på produktionsapparatet; man handlede da i hvert fald med slaver.

Slaveriets ophør....

Senere fandt et klogt hoved ud af, at hvis man lod produktionsapparatet blive såkaldte frie mennesker (slaveriets ophør), ville man slippe for alle de omkostninger, der trods alt var forbundet med at holde apparatet ved lige.
Man kunne så nøjes med at betale for den ydelse man fik leveret -

resultat

lavere omkostninger, **samme produktion** **- større profit.**

Rationalisering uden brug af fine ord (det var ikke opfundet endnu).

Man vendte tilbage til de oprindelige tanker omkring produktionsapparatet.

Hvis det nu frie produktionsapparat mistede erhvervsevnen,
tja så var det bare ærgerligt - for ham.
> Vi slap da for de "vedligeholdelses"-
> omkostninger vi ville have haft,
> hvis vi havde købt ham.

Det gav selvfølgelig en umiddelbar produktionsnedgang, indtil vi havde fundet en erstatning.
Det problem kendte man jo godt fra slavetiden i kraft af naturlige dødsfald og sådan noget.

Ethvert produktionsapparat har jo en vis afskrivningstid.

I forbindelse med industrialiseringen i 1800-tallet dukkede der nogle krav eller behov op, der aldrig havde været rejst, endsige været synlige før.

Produktionsapparatet havde altid haft adgang til en vis grad af selvforsyning når det gjaldt foder og påklædning. - det havde det ikke længere!

I slaveperioden, var det nemt nok at kontrollere foderstanden.
Ganske vist efter mere simple metoder end de nutidige foderplaner for vore husdyr (og planter), men dog gode nok til, at man sikrede produktionsapparatets stabilitet.
Produktionsapparatet producerede selv det, der var nødvendigt, for at opretholde produktionsapparatet og dets funktioner.

I forbindelse med at industrierne klumpede sig sammen omkring de eksisterende energikilder (primært vandkraft), blev der mindre og færre landbrugsområder i umiddelbar tilknytning til produktionen.
Disse landområder, i tilknytning til industrien, var tidligere blevet anvendt til produktionsapparatets selvforsyning.

Behovet havde således aldrig været der før - Mennesket var jo ikke længere selve produktionsapparatet, men var blevet en, omend væsentlig, så dog mindre del af produktionsapparatet - nemlig: maskinpasseren.

Arbejderen opstod som begreb.

Det var ikke længere et absolut krav, at hele familien deltog i produktionen.

Det blev dog almindeligt, at mand og børn deltog i produktionen, mens hustruen gik hjemme "og sørgede for alt" inklusive at føde børn.

Den tilknytning slavefamilien, og senere den frie familie, havde til den der købte arbejdskraften forsvandt helt eller delvist.

Der opstod en egentlig landbrugs-industri, med det overordnede formål at skaffe foder til disse arbejdere og deres familier, som jo ikke længere var selvforsynende i forbindelse med produktionen.

Der fandtes naturligvis allerede en bystruktur af primært handelsfolk, krigsfolk og søfolk, der ikke var selvforsynende.

Det var dog ikke den kendte struktur, der satte skub i udviklingen på landbrugssiden.

Landbrugets produktion fandt ikke sted i en sådan grad, at den med rette kunne kaldes en industri.

Der begynder nu en parallel udvikling indenfor industri og landbrug.

**Det, der er udviklingens drivkraft, er
ikke hensynet til
den enkelte person
eller
produktionsapparatet.
Men udelukkende ønsket om profit!**

På det industrielle område bliver det nødvendigt at aflønne med andet end naturalier.

Det er jo ikke den rigtige foderplan for en kulminearbejderfamilie, kun at få naturalier.

Kul kan give varme, der kan kompensere for tøj, men det hjælper ikke på sult.

15

Det er heller ikke er tilstrækkeligt for en klædefabrik-sarbejder kun at få klæde, det kan ganske vist kompensere for varme, men igen, det hjælper ikke på sult.

Man må udbetale løn (penge) for at sikre arbejdskraftens stabilitet og derved få "maskinpasningen" udført med størst mulighed for egen profit.

Vedligeholdelsen af den menneskelige del af industriens produktionsapparat interesserer man sig indtil forrige århundrede ikke synderligt for.

De arbejdere der er blevet klumpet sammen om produktionsapparatet, uden mulighed for selvforsyning, går ganske vist sammen i fagforeninger og lignende.

Dybest set skyldes dette de dårlige muligheder for selvforsyning - og dermed ønsket om at kunne etablere en tilstrækkelig foderplan for familien.

De etiske normer (den synlige ansvarsfølelse) begynder for alvor at omhandle hele familien.

**hvis jeg har det godt (foder / klæder / bolig),
har min familie det også godt, og
hvis min familie har det godt,
har jeg det godt.**

Den såkaldte arbejdskamp er så småt begyndt.

Landbruget begynder at efterligne industrien

Afsætningsmarkedet (forbrugernes antal) bliver større og større i takt med industriens vækst.

16

Ønsket om profit, i sammenhæng med muligheden for produktionsudvidelse, gør, at man begynder at tænke rationelt i landbruget.
Det er ikke længere nok at producere, der skal produceres større og større mængder svarende til markedets behov og krav.

Dyrene kommer nu til at overtage slavernes rolle som produktionsapparat.
Og dette er jo ganske forståeligt, den naturlige opdeling af produktion og selve produktionsapparatet gælder jo ikke her.
Ligesom foderplanen havde en vis betydning for slavernes produktivitet, begynder foderplanen og avlsplanlægningen at få indflydelse på vedligeholdelsen af det nye produktionsapparat.
Foderplanen var et 'her og nu redskab', men modsat hos slaverne blev avlsplanlægningen det bærende i den fremtidige udvidelse af produktionen.
Produktionsapparatet er selve produktionen
.

Du avler okser for at få kød og huder.
Du avler grise for at få kød (og tarme).
Du holder høns for at få kød og æg.

En del af kødproduktionen, havde dog visse sidegevinster, køerne gav mælk, og hønsene lagde flere æg end der skulle til for at opretholde hønsekødsproduktionen.
Som så ofte viste det sig, at biproduktionen var så stor, og hovedproduktionen så lille, at der totalt ville være større profit i at opdele produktionsapparatet i 2 ligeværdige produktionsenheder.

Nogle køer blev nu avlet til kødproduktion, mens andre, på grund af stor malkeydelse blev produktionsapparat for mælk.
At denne biproduktion så senere er blevet forædlet til noget nær det ypperste gør jo ikke opdelingen mindre interessant.

For hønsenes vedkommende skete der det forunderlige, at kødproduktionen næsten forsvandt (hvem spiste voksne høns?).

Ægproduktionen blev så opdelt i to produktionsenheder -
Æg til udrugning, vi spiser jo masser af kyllinger.
Kødproduktionen fik faktisk her en ny opblomstring, forskellen er blot at det nu er ungt saftigt kød og ikke gammelt sejt kød der satses på.
Da haner ikke lægger æg, blev det naturligvis hanekyllingerne man her satsede på. Så slap man også for at få befrugtet de æg der skulle anvendes som spiseæg.

Den anden produktionsenhed blev således æg til at spise.

Brugen af disse spiseæg blev så populær,
at det var nødvendigt at sørge for,
at hønsenes produktion blev samlet,
således, at man ikke skulle lede hele bondegården og de omkringliggende skjulesteder igennem for at finde æggene.

Første tiltag var naturligvis at hegne hønsene inde, og at opsætte redekasser hvori man så håbede på at hønsene lagde æggene.

Produktionen blev rationaliseret;
men ikke nok med det,

man opfandt nogle snedige forsvindingsreder,
        således at æggene 'forsvandt' fra reden.

Hønsene kunne nu ikke snavse æggene til med af-
føring og andet,
men endnu vigtigere, de gav sig ikke til at ruge på
dem.

Fra, at have æggene liggende i små kasser under
rederne, til at man, igen med skelen til industrien, fik
lavet et slags transportbånd, der kunne samle æg-
gene et og kun et sted var der ikke langt.

Hvis man bare kunne sikre sig at hønsene nu brugte
redekasserne.
Hvad nu hvis man spærrede hønsene inde i rede-
kasserne? -

Tanken var der, og resten af udviklingen frem til bur-
hønsene minder om den almindelige udvikling i in-
dustrien.

Produktionsapparatet var på skinner

> **- rimeligt investeringsbehov**
> **- lave omkostninger**
> **- mulighed for profit.**

Industrien får problemer .....

Vender vi nu blikket tilbage til industrien, ser vi, at man havde fået et problem med arbejdsstyrken.

Selve filosofien om højest mulig profit med lavest mulige investering, havde næsten fået et grundskud.

Lønningerne var (måske som en følge af arbejdskampen) steget uden at produktionen var steget tilsvarende.
Profitten var dalet, man måtte gøre noget.

Forskellige, mere eller mindre videnskabelige, undersøgelser blev sat i gang.
Der blev spekuleret dybt og grundigt.
Man analyserede forholdene på arbejdspladserne, specielt (og næsten udelukkende) det fysiske klima.
Hvad med varmen, lyset på arbejdspladsen, arbejdstiden etc.
Hvordan kunne man motivere folk?
Hvilke fysiske faktorer skulle være i orden, for at produktionen (og tilsvarende profitten) igen kunne stige?

Som så ofte var det en tilfældighed, der bragte produktionsejerne på sporet af løsningen.

Hvis man interesserede sig for
arbejderne som mennesker
og ikke kun som produktionsapparat,
gik deres effektivitet op.

Det forstod man ikke - *folk fik jo i forvejen hvad de krævede.*

20

Alligevel var der noget andet end fysiske forhold, der fik produktionen til at stige.

Dette "noget andet" var der virkelig penge i.
Nu måtte der forskes. Hvad fik disse tilfredse "utilfredse" personer til at yde mere?

De fleste forskningsresultater kommer naturligvis fra USA, der ganske vist ikke er industrialiseringens moder, så dog det sted hvor industrialiseringens børne- og pubertetssygdomme er blevet konstateret og ofte kureret.

En af de førende forskere på området var Abraham H. Maslow,
der sagde:

> *at et menneske har en mængde behov, som skal opfyldes i større eller mindre grad for at mennesket kan fungere optimalt*

- i betydningen som det bedste produktionsapparat.

Opdagelsen af disse, for produktionen, absolut vigtige behov, og ikke mindst det faktum, at produktionsejerne begyndte at tage hensyn til behovene har gjort, at vi, som individer, produktionsapparat, maskinpassere, arbejdere og frie mennesker, er blevet mere bevidste om vore behov end vi var tidligere.

Samtidig er der sket en udvidelse af vore etiske normer:
fra, udover os selv og vor familie, til også at omfatte vore husdyr og planter.

Det er altså ikke længere nok

**at hvis arbejderens familie har det godt,
skal (hans) dyr og planter
også have det godt,
for at arbejderen kan føle,
at han har det godt.**

Den stigende effektivisering i industrien (plus en del
andet) har gjort, at,
hvor arbejderen tidligere
var produktionsapparatet (slaven),
senere
en del af produktionsapparatet (maskinpasseren),
er han næsten
overflødig i forbindelse med selve produktionen.

Det skal ikke forstås således, at den nyeste indu-
strielle udvikling er den oprindelige selvforsynende
produktion, blot med maskiner der producerer ma-
skiner, der producerer maskiner. Men således, at
der igen kan opnås størst mulig profit, med mindst
mulig investering, og at produktionsapparatet kræver
færre maskinpassere end tidligere.

Det må konstateres at karrusellen endnu engang er
nået dertil, at der skal en udvidelse af produktionen
til, før der er behov for flere maskinpassere.

I modsætning til arbejdsløshedsperioden i
1930'erne, er de fleste arbejdsløse i dag bevidste
om deres behov, og vil ikke nøjes med at få dækket
de fysiologiske behov samt behovene for tryghed og
sikkerhed.

Man kræver i dag meget mere og dette med kvalitet.

Hvad er så kvalitet?

Hvis vi tænker på de kvalitetsnormer industrien sætter er det:
> En produceret enhed skal overholde ganske faste specifikationer.
> Et produkt fremstillet efter denne kvalitetsnorm er nøjagtig mage til et andet, fremstillet efter samme kvalitetsnorm.

Altså, lad os fremstille chokoladepåskeæg i en ganske bestemt størrelse, vægt og design.

Der er, hvis vi overholder normkvaliteten, således ingen forskel på det første æg vi producerer, og det 3.000'ene æg vi producerer.

Når jeg som forbruger skal købe påskeægget, er det en anden form for kvalitetsbedømmelse jeg bruger.
Kvalitet er nu ikke bare mål og vægt, men lige så meget hvad jeg forventer af påskeægget.
Hvis jeg får det jeg forventer, dvs. at mine behov opfyldes af det jeg køber, oplever jeg kvalitet.

Altså, jeg køber påskeægget for ti kroner, og forventer en oplevelse af dejlig chokolademsmag i nogle få minutter.

Får jeg denne oplevelse, har jeg fået kvalitet.

Havde jeg derimod forventet ægget fyldt med marcipan,
og det var hult, havde jeg følt mig snydt af det tomme æg,
og ville derfor ikke have oplevet kvalitet, uanset en dejlig chokolademsmag.

Hvad så med livskvalitet?

Hvis vi tænker på en arbejdsløs person, og hans situation, vil alle at han skal have / opleve livskvalitet.
Tager vi samtidig hensyn til hans høje bevidsthed om de fleretusinde-flerehundrede-og flereogfyrre (individuelle) behov han har, er det indlysende:
Man kan ikke bare give ham livskvalitet på samme måde som man giver ham dagpenge, eller en anden form for kontant tilskud, til opfyldelse af de fysiologiske behov.

Der er nemlig lige så mange forskellige forventninger til livet, som der er individer (mennesker).

En videnskabelig undersøgelse af, hvad der får velfungerende folk til at opleve livskvalitet vil fremkomme med ligeså mange forskellige besvarelser som antallet af spørgsmål ganget med antallet af adspurgte.
Desværre er der ikke "penge" i at forske i almindelige menneskers livskvalitet;
Næh næh, det er langt mere profitabelt for forskerne at forske i hvordan vi kan "gengive" livskvalitet for personer med en livstruende sygdom, traumer, arbejdsløshed etc.
Dette kan være overordentligt vigtigt for den enkelte person.
Det giver selvfølgelig arbejde i lang tid til forskeren, men kan ikke på noget tidspunkt give et entydigt svar på hvad livskvalitet er
eller hvordan mennesket (**arten** homo sapiens) opfatter livskvalitet.
En sådan forskning vil næsten uden undtagelse begå samme fejl som blev begået da man forskede i produktivitet. Det er umuligt at forske i følelser (be-

hovsdækning) på samme måde som man forsker i dødeligheden blandt rødhårede kinesere! Alligevel vil forskeren postulere, at han har et pålideligt resultat af sin forskning.
Resultatet, der måske er videnskabeligt korrekt, kan ikke være andet end at:

**det eneste entydige
i opfattelsen af livskvalitet er
kvalitetsopfattelsens forskellighed**

Men det er vel reelt nok og temmelig pålideligt, selvom det kan sammenlignes med at sige
at dødeligheden blandt rødhårede kinesere er 100%, idet de jo alle dør på et eller andet tidspunkt.

Bortset fra det, er jeg enig med alle andre om, at alle kan, eller bør kunne opleve kvalitet i livet, altså livskvalitet.

Der kan bare ikke udstedes et 'kørekort' der siger, at indehaveren kan opleve livskvalitet lige når det passer ham.

Hvis vi siger, at kvalitet er hvad vi forventer, må livskvalitet på en forunderlig måde være noget vi forventer af livet.

Hvis vi oplever vore behov dækkede, og i øvrigt er tilfredse, må vi siges at opleve livskvalitet.

Dette, at vi er tilfredse, kræver nok en forklaring:

Vores evne til og mulighed for forandring af vor egen situation, må ikke være større end vort ønske om og vilje til forandringen.
Hvis den er det, er vi utilfredse, og vi kan derfor pr. definition ikke opleve livskvalitet.

**Livskvalitet er forholdet mellem
den oplevede totale behovsdækning og
forventningerne til den totale behovsdækning,
korrigeret med en tilfredshedsfaktor,
der er forholdet mellem på den ene side
evnen til og muligheden for at forandre egen situation og på den anden side ønsket om og
viljen til at forandre egen situation**

Kan en person der ikke er på arbejdsmarkedet – arbejdsløs, på efterløn, førtidspensionist eller lignende så opleve livskvalitet?,
> ja selvfølgelig, men det er kun personen selv, der kan svare på om han oplever livskvalitet eller ej.

Selvom jeg i skrivende stund er såkaldt arbejdsfri folkepensionist, oplever jeg så livskvalitet? - JA, faktisk!

Hvorfor kunne man så spørge? -
Jeg sidder her i tryg egocentreret "selvrealisering" og skriver,
> de nederste behov hos Maslow er dækkede,
> jeg sulter ikke,
> jeg fryser ikke,
> de øvrige behov er også dækkede.

Har jeg lyst til at forandre på min situation?
Ja selvfølgelig, men jeg er rimelig tilfreds,
så forholdet mellem mine ønsker og muligheder
samt min vilje og evner til at forandre min situation er
som 1 til 1.

Det må siges at være livskvalitet.

Havde jeg været sulten i dette øjeblik, og køleskabet
tomt,
>   havde jeg nok ikke oplevet livskvalitet.

Mine behov havde ikke været fuldt dækkede,
men mine forventninger var de samme, ligesom mit
"tilfredshedstal" totalt set ikke havde været forandret.
Altså ikke livskvalitet i det øjeblik.

Vort udvidede etiske norm-område betyder at hvad
der gælder for mig og min familie gælder også for
mine dyr og planter.
Så hvis oplevelsen af livskvalitet gælder for menne-
sker, må den også gælde for dyr og planter.

Udtrykt som et paradoks:
Vi skal alle, af omgivelserne (regering, familie og
venner) tvinges til at opleve livskvalitet.
Produktionsapparatet (dyrene, planterne etc.) giver
vi, af profithensyn, meget sjældent muligheden.

Her er det måske på sin plads at gøre opmærksom på, at der er to former for livskvalitet, som undertiden kan være svære at forene.
Lad mig nævne dem:

Objektiv livskvalitet
hvor behovet for alle målbare faktorer, som mad drikke bolig etc. er opfyldt

og

Subjektiv livskvalitet
hvor ikke-målbare forventninger mere end behov, såsom følelser, motivation og trivsel samt tilfredshed med egen situation, spiller en ikke uvæsentlig rolle.

Kvalitetsbegrebet

Hvis du vil flytte et bjerg
bør du starte med de mindste sten

Opfattelsen af kvalitet

Hvad er vores opfattelse af kvalitet?

Jo det er

Noget godt og gedigent!
Noget med gods i!
Noget hvor man virkelig har fået
noget for pengene!

Hvad forstår vi så ved noget godt og gedigent?
> ⇒ er det massive egetræsmøbler med
>   masser af gods i ?
> eller
> ⇒ er det spinkle mahognimøbler hvor der
>   er kælet for materialet og fremstillin-
>   gen?

det er i hvert tilfælde ikke noget billigt plastic eller spånplade-yams !!

og dog - men det kommer vi ind på senere.

Denne kvalitetsbetragtning gælder kun når det drejer sig om materielle ting.
Ting vi køber eller på anden måde kommer i besid-delse af.
Noget vi kan tage og føle på.

Det er vel på sin plads at nævne det ældgamle ud-tryk:

Smag og behag er forskellig -
(underforstået fra menneske til menneske).

30

Det er faktisk meget nemmere at definere hvad der **ikke** er kvalitet.

Alle kan hurtigt blive enige om, at hvis vi køber
10 kg kartofler for 43 kr. pr. kg og halvdelen er rådne -
så er det en **dårlig kvalitet** -
vi synes, at vi er blevet **snydt**.

Men er vi nu også det?
Hvis vi nu i stedet for 43 **kr.** pr kg havde givet 43 **øre** pr kg, så havde vi måske nok forventet, at halvdelen ville være rådne - og så er handelen pludselig god nok.

Vi ser altså, at det ikke er de rådne kartofler der bestemmer om vi føler, at vi har fået kvalitet -
nej, det er det vi forventede af den investering vi har foretaget, der er alt afgørende for om vi føler / synes at vi har fået kvalitet.

Det er med andre ord - det vi forventer - der er bestemmende for om vi oplever kvalitet eller ej.

**Hvis en vare lever op til dine forventninger,
i forhold til den investering du foretog,
har du fået en kvalitetsvare.**

Lad os tage et andet eksempel.

Du køber en lørdag et par nye sko inde i byen hos en rigtig (dyr) skotøjshandler -
skoene koster 2148 kr.

Skoene er fremstillede i Italien i fineste skind, - og der er gyldne beslag på dem.
Du skal til fest samme aften, tager skoene på - så langt så godt.
Der er "bal bagefter" og mens du svinger dig på dansegulvet, smutter et af de gyldne beslag lige så stille af din ene sko, og det havner selvfølgelig under stor opmærksomhed i Punch-bowlen.
Da du kommer hjem opdager du, at ikke nok med at du har mistet et beslag, skindet på skoen er bristet tværs over foden – lige der hvor beslaget sad.
Du bliver eddikesur - du har foretaget en investering på 2148 kr. for et par sko, og *så kan de ikke en gang holde til at blive brugt ved en ganske almindelig fest!!*
Du drøner naturligvis ind til den dyre skotøjshandler mandag morgen og det er ikke blide ting du siger, bl.a. noget om dårlig kvalitet og så til den pris.

Du har med andre ord ikke fået hvad du forventede.

Var du i stedet gået i supermarkedet, og havde købt et par **til 39 kr.,** havde det bare været ærgerligt, at de ikke kunne holde til mere.
At du naturligvis også var gået ind i supermarkedet for at få skoene byttet, rokker ikke en tøddel ved din opfattelse af skoenes kvalitet.

Derfor er det faktisk galimatias at snakke om livskvalitet - idet forventning og behov er forskellig fra person til person.
Selv om vi snakker om de samme ting, lægger vi vægt på forskellige ting og derfor får de forskelligt indhold.

Men lad os prøve at se på, hvad erhvervslivets teoretiske "eksperter" kan fortælle os om kvalitet.

I erhvervslivet er kvalitet - ikke
hvad man **følelsesmæssigt** forventer,
men derimod, at en given vare / ting altid
overholder nogle ganske faste normer og værdier
som mål som længde, bredde og højde, materiale-
valg etc.,
alt sammen noget, der skal sikre ensartethed.

Det er derfor meget nærliggende at postulere,
at for erhvervslivet er
kvalitet det samme som ensartethed.

Gælder det administrative rutiner, er det et spørgs-
mål om at gøre samme stykke arbejde på nøjagtig
samme måde hver gang.
Dette er den dybere årsag til at der i den (halv) of-
fentlige sektor findes så mange skemaer og blanket-
ter der skal udfyldes nøjagtigt ens hver gang.
Altså samme indhold.
Den samme slags oplysninger ordnet på samme
måde hver gang - det er administrativ kvalitet (altså
ensartethed).

Mange af erhvervslivets forskellige teorier -
taler faktisk ikke om kvalitet, men altid om motivati-
on.
Alle prøver at udvikle teorier, der skal få os til at fun-
gere perfekte (og kvalitetsbevidste) i en given ar-
bejdssituation, men der er mig bekendt ingen, eller i
hvert fald meget få, der forsøger / har forsøgt at op-
stille teorier om, hvordan man skal kunne fungere
bedre som **menneske.**

> Det siges, at *vi skal arbejde med os selv*,
> hvis *vi skal have mere indhold i tilværelsen*,
> men, *en formel eller en opskrift der kan* bruges
> *findes ikke.*

I hvert fald ikke hvis vi sammenligner med en strikkeopskrift til en trøje,

- hvor det er **eget ønske** om farvevalg,
- **eget behov** for størrelse (s, m, l, xl, xxl) og til dels garntype,
- og måske det faktum, at **du strikker den selv**
- der bestemmer hvordan trøjen kommer til at se ud, og hvor resultatet i langt de fleste tilfælde bliver en trøje, **der passer netop dig**.

Forventninger

**Ikke så ringe, sagde manden.
Han kastede en sten efter hunden
og ramte svigermor**
dansk ordsprog

Edward E. Lawlers forventningsteori

Edward E. Lawler III er født i 1938 i USA.
Han er fortsat meget aktiv (2013) og mere kan læses
på hans hjemmeside
www.edwardlawler.com

Den senere viste formel om forventning / motivation
er en forenklet udgave af den E. E. Lawler anvender
i sin bog "Motivation in Work Organisations".

Hvis motivation defineres som:

**En persons villighed til at yde en indsats for at
udføre et givet stykke arbejde**

er det ifølge E. E. Lawler muligt at beregne motivati-
onens styrke ved hjælp af en formel.

Motivation er kun til stede, hvis man har positive
forventninger om at den indsats man yder nu også
bliver belønnet.
Hvis man på forhånd er overbevist om at det ikke
nytter noget, og at ligegyldigt hvor meget man an-
strenger sig, vil det ikke føre til det ønskede resultat,
er der ingen motivation tilstede.

I meget gamle dage sagde man: det er lysten der
driver værket!

Motivationens styrke

er ifølge Lawlers forventningsteori:

$$M = (I\text{->}P) \text{ x summen af } (P\text{->}B)V$$

hvor

M = **motivation**ens styrke		
er en funktion af:		
(I -> P)	sandsynligheden for at en **indsats**	I
	vil kunne føre til en **præstation**	P
ganget med sum-men af:		
((P->B)V)	de **værdier**	V
	der kan tillægges hver af de **belønninger**	B
	den enkelte **præstati-on** vil kunne føre til	P

Denne teori er faktisk ganske udmærket, hvis du vil
måle hvor motiveret du egentlig er
til at udføre en arbejdsopgave.

Lawlers forventningsteori /motivation
– skematisk oversigt

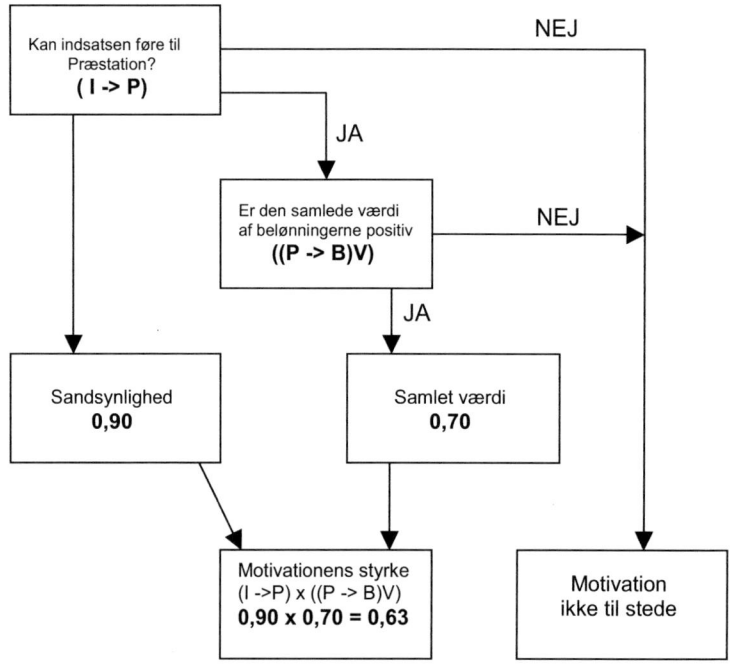

I Kilde: Ledelse og samarbejde; Christiansen, Jepsen, Skriver, Staunstrup; forlaget Trojka 1993

Beslutningens effektivitet
Eggert Petersens teori

Danskeren Eggert Petersen har udviklet en teori til
bestemmelse af en beslutnings effektivitet
Den er egentlig tænkt anvendt i forbindelse med
belysningen af motivationen i en arbejdssituation.

Eggert Petersens teori om
en beslutnings effektivitet

$$E_b = (K * A * T) \text{ kft}$$

hvor:

E = effektiviteten af en beslutning

er en funktion af:

K = kvaliteten
A = accepten
T = Tiden (til overvejelser)
kft = korrektionsfaktor for tiden.

altså jo mere tid der er til at, dels få accepteret be-
slutningen, dels at få givet beslutningen kvalitet, des
mere effektiv er en beslutning.
Jo bedre en ting er tænkt igennem,
jo mere der er informeret om beslutningen,
jo større chance for et godt resultat.
Men prøv som tankeeksperiment, at omsætte form-
len til dagligdags begivenheder.
Som mor eller far er man ofte ude for at måtte træffe
en hurtig beslutning.

Min gamle mor stak mig engang en lussing for noget
min storebror havde gjort -
Efter mine højlydte protester fik jeg svaret:

Nåh, så har du nok fortjent den for noget andet.

Den beslutnings **effektivitet** må siges at have været
ringe.

> **K**valiteten i beslutningen kan diskuteres
> **A**ccepten var i hvert fald ikke til stede
> **T**iden til overvejelser var rimelig kort
> **kft** kan med god vilje siges, at være udsag-
> net om, at så havde jeg nok gjort noget an-
> det.

Så alt i alt - **en rigtig ineffektiv beslutning.**

Det udvidede kvalitetsbegreb

Vi har begge fået det vi ønskede os -
men det er ikke nødvendigvis de samme ting

Kvalitetsopfattelse og bevidsthed

Lad os prøve at omforme Lawlers teori, så den ikke gælder for motivation, men udtrykker kvalitetsopfattelsen ud fra tesen:

Kvalitet er hvad du forventer
Kvalitetsopfattelsen er altså:

$$K = (I \rightarrow B) * ((I \rightarrow P)V)$$

hvor

K = kvalitetsopfattelsen	
er en funktion af:	
(I->B)	forventningen om at en given **investering (I)** vil medføre en **behovsdækning (B)**
ganget med :	
((I->P)V)	den **værdi (V)** der kan tillægges det ønske om **prestige (P)** **Investeringen** vil kunne føre til

Prestige = behovet for at blive anerkendt af andre

Lad os prøve at se om vi kan beregne kvaliteten ud fra de to eksempler med skoene:

1. Vi har købt hos skotøjshandleren til **2148 kr.**
De er fremstillet af fineste læder
De har nogle pragtfulde messingbeslag
De får dig til at føle dig som en dronning
Dit reelle behov er at have noget på fødderne til festen

Vi må altså konstatere at
forventningen om at investeringen dækker dit behov
er sandsynlig
(I->B) er altså 1.

Vi må ligeledes konstatere,
at du tillægger det stor værdi, at skoens design, læderet, prisen etc. giver dig en vis prestige.

Dit ønske om prestige opfyldes, så umiddelbart må denne værdi
((I->P)V) også være 1.

1 x 1 = 1: altså opfatter du købet som kvalitet.

Efter festen må vi konstatere at dine forventninger til behovsdækning (noget på fødderne) stadig er opfyldt, men den prestigeværdi du tillagde skoene ikke længere er opfyldt
- det er ikke en dronning værdig, at et par dyre sko taber et skospænde i Punch-bowlen.

Prestigetabet skyldes skoene.
Resultatet er altså mindre end 1 og nærmer sig faretruende 0, men lad os for eksemplets skyld sige 0,5.

1 x 0,5 = 0,5: altså opfattes købet ikke som kvalitet.

2.   Vi har købt ballerinasko i supermarkedet til
     39 kr.
     De er fremstillet af et eller andet læderlig-
     nende materiale
     Messingbeslagene er af plastic
     Pasformen er pragtfuld
     Dit reelle behov er at have noget på fød-
     derne til festen.

Vi må altså igen konstatere, at forventningen om at
investeringen dækker dit behov er sandsynlig.
(I->B) er altså igen 1.

Vi må ligeledes konstatere,
at dine prestigemæssige ønsker opfyldes af investe-
ringen,
altså nærmer denne værdi sig 1.

1 x 1 = 1 altså umiddelbar opfattelse af kvalitet.

Efter festen, må vi konstatere,
at det prestigemæssige tab du lider ved at beslaget
havner i punche-bowlen,
ikke har nogen indflydelse på den prestigeværdi du
tillagde skoene.
Den beregnede kvalitetsopfattelse **1** er altså uforan-
dret.

Hvis vi sammenligner de to resultater, kan vi altså
konstatere, at skoene fra supermarkedet, efter fe-
sten opfattes som værende en bedre kvalitet.
Dette på trods af at investeringen har været meget
lavere i kroner og ører.

Før festen	1.	Skoene til 2148 kr.	K = 1 x 1 = 1
	2.	Skoene til 39 kr.	K = 1 x 1 = 1
	Både (1) og (2) er kvalitetskøb		
Efter festen	1.	Skoene til 2148 kr.	K = 0,5 x 1 = 0,5
	2.	Skoene til 39 kr.	K = 1 x 1 = 1
	Kun (2) opfattes som kvalitet		

Kvalitetsopfattelse ændrer sig

> en gerning der fører til **belønning**
> har en tendens til **at blive gentaget;**
> mens en gerning der fører til **straf**
> har en tendens til, **ikke at blive gentaget.**

Hvis vi køber sko til 39 kr. pr. par, og de holder hvad de lover (altså igen vores forventning), er der en sandsynlighed for, at vi bliver ved med at købe sko til 39 kr.

Hvis vi nu et antal gange har købt disse sko med godt resultat, og der pludselig sker en ændring således, at disse sko ikke holder så længe, eller hvad ved jeg, bliver man sandsynligvis træt af disse sko (igen vores forventning) og foretager et prøvekøb af nogle dyrere sko.

Hvis forventningerne til disse dyrere sko indfries, er der en tendens til at vi også næste gang vælger den nye og dyrere løsning.

Hvis vi derimod får en negativ oplevelse med de dyre sko, eksempelvis, at de ikke holder længere end de billige vil vi netop have foretaget et *"prøvekøb"*, fordi vi næsten med garanti vil købe de billige sko igen næste gang.

Nu er den prestigemæssige værdi en underlig størrelse at regne med.

I praksis vil det være fuldstændigt umuligt at sammenligne to menneskers opfattelse af kvalitet.

Vi vil derfor i det følgende fuldstændig se bort fra de prestigemæssige forhold og den indviklede formel kan omformes til en mere simpel (generel) formel

46

$$K = B / F$$

hvor

K = **kvalitet**sopfattelsen
B = følelsen af total **behov**sdækning
F = **forventning**en til behovsdækningen

formlen læses således: **K** er den kvalitetsoplevelse du får når du ser **B** i forhold til **F**.
altså
Kvalitetsopfattelsen er forholdet mellem din følelse af **total behovsdækning** og din **forventning til be-hovsdækningen.**

---

hvis du får mindre end du forventer:
oplever du **ikke kvalitet**
hvis du får det du forventer:
oplever du **kvalitet**
hvis du får mere end du forventer:
oplever du **super kvalitet**

Normkvalitet
contra
behovskvalitet

**Tal til enhver kvinde
som om du elsker hende,
og til enhver mand
som om han keder dig**
Oscar Wilde

Normkvalitet og behovskvalitet

Vi kan dårligt slå op i en avis eller et hvilket som helst ugeblad uden at blive præsenteret for kvalitetsbegrebet.
Virksomheder taler om ISOxxxx- kvalifikation.

Reklamer slår på, at præcis den vare som denne reklame reklamerer for, er kvalitet.

Vores nuværende (og tidligere) regeringer fastslår at vi skal have kvalitet i vores hverdag og i vort samfund.

Vi skal have **forskning med kvalitet**,
vi skal have **kvalitetstid med vore børn**,
vi skal have **kvalitet i vores ældrepleje,**
vi skal have **kvalitet i sundhedsvæsenet,**
vi skal have **kvalitet i uddannelsessektoren**

ja…
Alle ønsker kvalitet -

Alt hvad vi foretager os - skal gøres med kvalitet -
De varer vi køber skal være **kvalitet** -
Vi lider af et **kvalitet**skompleks -
Vi kan ikke leve uden **kvalitet** -
Vi får abstinenser når vi ikke får **kvalitet** -

Vort liv skal have **kvalitet** -
Lad os bare kalde det kvalitetshysteri.

Der findes naturligvis mange former for kvalitet, men lad os for enkelthedens skyld nøjes med at dele kvalitet op i to begreber

norm-kvalitet
behovs-kvalitet

Norm-kvaliteten, kan defineres som
den "materielle" kvalitet hvor

- mål og vægt overholdes hver gang
- der er fast materialevalg (altid samme materiale)
- det er ensartet udførelse (ens fra gang til gang)
- det er ofte store mængder / serier der produceres.

Behovs-kvaliteten,
er til gengæld en kvalitet hvor

- o mål og vægt ikke overholdes (behov kan principielt ikke altid måles)
- o materialet er diffust (eks. os selv / der alle er forskellige m.h.t. hudfarve etc.)
- o absolut forskellig udførelse (individuel "produktion").

Men hvor vore individuelle behov dækkes.

 **Lad os prøve at belyse forskellen** ved hjælp af et lille (konstrueret) eksempel hvor vi sammenligner to stærekasser.

Lad os forudsætte, at stærene for én gangs skyld ikke er kræsne m.h.t. materialevalg.

Den **ene stærekasse er bygget af træ**, og
overholder alle foreskrevne mål
- flyvehullets størrelse,
- flyvehullets placering over bunden,
- kassens rummelighed etc.

Den **anden stærekasse er bygget af bølgepap,** og
overholder ligeledes alle mål,

Set **fra et behovs-kvalitets** synspunkt,
opfylder begge kasser behovene
- tilgængeligheden er ens
- muligheden for redebygning er ens
- pladsen til at lægge æg, og udruge dem
  er ens
- muligheden for at få flyvefærdige unger
  er ens

men mens
norm-kvaliteten tilsyneladende overholdes
af begge stærekasser, vil et tilfælde af regnvejr, hvor
papkassen opblødes og går i stykker, vise at selvom
normkvaliteten i princippet overholdes vil stæren nok
– (efterfølgende) vælge en kasse af træ, frem for en
af bølgepap.

Her svigtes norm-
kvaliteten indirekte,
idet vi må formode at
stæren ikke vælger
trækassen af presti-
gemæssige grunde.

A. H. Maslow's behovspyramide

Fordi man er den eneste der har ret
- behøver man jo ikke at tage fejl.

Abraham H. Maslows behovshierarki

Maslow, Abraham H. (1908-1970):
Amerikansk professor i psykologi.
Grundlægger af den amerikanske humanisti-
ske psykologi.

Maslows behovshierarki
(eller behovspyramide)

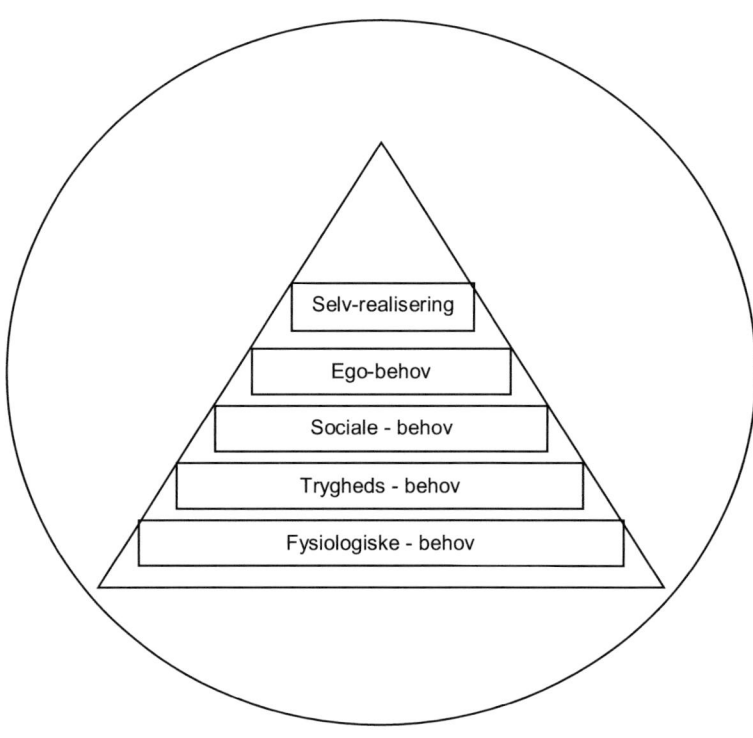

A. H. Maslow behandler i sin behovsteori, tankerne om,

> **at enhver har visse behov, og**
> **at der skal være en behovsligevægt**
> **for**
> **at personen kan fungere,**
> **både fysisk og psykisk**

Behovsligevægt

betyder ikke nødvendigvis, at alle tænkelige behov skal være dækkede.

Men indfrielsen af de, for den enkelte person, relevante behov skal være i orden, før behovsdækningsfornemmelsen (opfattelsen af behovsligevægt er til stede) og dækningen på næste "niveau" kan begynde.

Sagt på en anden måde skal et hvert behov være helt eller delvist dækket, før man føler uligevægt i det næste øvre lag i pyramiden.

Da det enkelte menneske har "fleretusinde-flerehundrede-og-flereogfyrre" individuelle behov har Maslow delt behovene op i fem grupper.

Lad os se på pyramiden - fra neden og op

De fysiologiske behov

Behov for mad, sex, klæder, husly, undgåelse af smerte og sygdom.

Behov for de materielle fornødenheder, der skaber fysisk velvære.

Disse behov er forudsætningen for at organismen, som organisme, kan fungere, og skal således være dækkede før der opstår behov for tryghed og sikkerhed.

Er man meget grov kan man sige, at for (nogle) mennesker er der i virkeligheden kun ét fysiologisk behov; PENGE!

Alle de for overlevelsen nødvendige fysiologiske behov (bortset fra et godt helbred) kan nemlig købes for penge.

Trygheds/sikkerhedsbehov.

Behov for at vide sig uden for fare, behov for beskyttelse, behov for at vide sig sikker for dagen i morgen.

Når disse behov er dækkede optræder de sociale behov.

De sociale behov

Behov for at tilhøre en gruppe.
At blive accepteret af andre, og opleve et fællesskab.
Behov for ømhed, kontakt, kærlighed.
Når disse behov er dækkede, kan man begynde at fokusere på sig selv, og derved optræder ego-behovene.

Ego-behov.

Trang til at føle, at man mestrer sit arbejde, og sit familieliv.
At man kan overse og magte situationen.
At man har succes.
At man har et godt omdømme.
At ens arbejde respekteres, værdsættes og anerkendes.
Når disse behov er dækkede, begynder man at føle behov for selvrealisering.

Selvrealiserings-behov.

Behov for at udvikle sig og eksperimentere med sine muligheder.
Behov for at skabe.
Behov for at sætte sig mål med tilværelsen og realisere disse.
I meget ekstreme tilfælde betyder dette, at man totalt sætter sig selv og egne behov over alt og alle.(Behovsgruppe 6?)

De behov, Maslow redegør for, knytter sig ikke udelukkende til menneskets rolle som produktionsapparat, men i lige så høj grad til mennesket som menneske.

Jeg synes, at der skal lidt andre overskrifter til de enkelte behovsgrupper, for at de kan anvendes i praksis.

---

1. **De behov der er, for at organismen kan overleve som individ.**
   (mad, varme, sex, klæder med flere).
2. **De behov der er, for at arten kan overleve som art.**
   (tryghed, sikkerhed med flere).
3. **De behov der er, for at arten kan udvikle sig som art**
   (sociale behov).
4. **De behov individet har, for at kunne udvikle sig som individ**
   (ego-behovene, anerkendelse etc.).
5. **De behov individet har for, at kunne udvikle sin egen identitet**
   (selvrealisering etc.)

De to første behovsgrupper er nødvendige, når vi skal opretholde et delvist selvforsynende produktionsapparat.
Men det vidste vi allerede dengang med slaverne.

Da **behovsgrupperne 1 og 2** omhandler individets og artens beståen, har dyr og planter nøjagtigt de samme behov.

De næste behov er vi nødt til at behandle mere individuelt.
De er jo ikke absolut nødvendige for produktionen.

Men arbejdskampen har vist os, at hvis arbejderen har det godt har familien det godt, og hvis familien har det godt har arbejderen det også godt.
Altså er han mere effektiv og dermed en bedre arbejdskraft (set fra arbejdsgiverens synsvinkel).

Den **3. behovsgruppe** er altså også nødvendig for en effektiv produktion.

Den **4. behovsgruppe**, var den man faldt over ved en tilfældighed,
behovet for at blive accepteret,
altså at andre gider beskæftige sig med os som mennesker (individer).
Vi bliver altså også nødt til at anerkende den som en del af et effektivt produktionsapparat.
Det skal her tilføjes at behovene først er blevet synlige længe efter at produktionsapparatet mistede sine selvforsyningsmuligheder.

Den **5. behovsgruppe** er de behov, der indeholder skabertrang og kreativitet.
Opfyldelsen af disse kan være direkte skadeligt for det almindelige effektive produktionsapparat. -
Det er her alle "pilfinger"-behovene findes.
Jeg tror Mr. John Ford ville have betakket sig, hvis alle de ansatte havde givet sig (fysisk) til at bygge om på eller ændre noget ved hans samlebånd-sanlæg.
Behovene er nødvendige for opstart og planlægning af en ny produktion, men er ikke nødvendige for selve produktionen.

Der er den seneste tid, fremkommet den opfattelse at der er behov for

Den **6. behovsgruppe.**
Man kunne så passende kalde den egocentrikerens / egoismens behov eller måske hellere prestige-behovene.
Lad os et øjeblik kigge på, hvordan en sådan "over-ordnet" behovsgruppe kunne fortolkes.
Vi forudsætter at selvrealiseringsbehovene er mere eller mindre opfyldte.
Den "nye" behovsgruppe ville således optræde som resultat af at alle underliggende behov er (mere eller mindre) opfyldte.

den 6. behovsgruppe (prestige-gruppen)

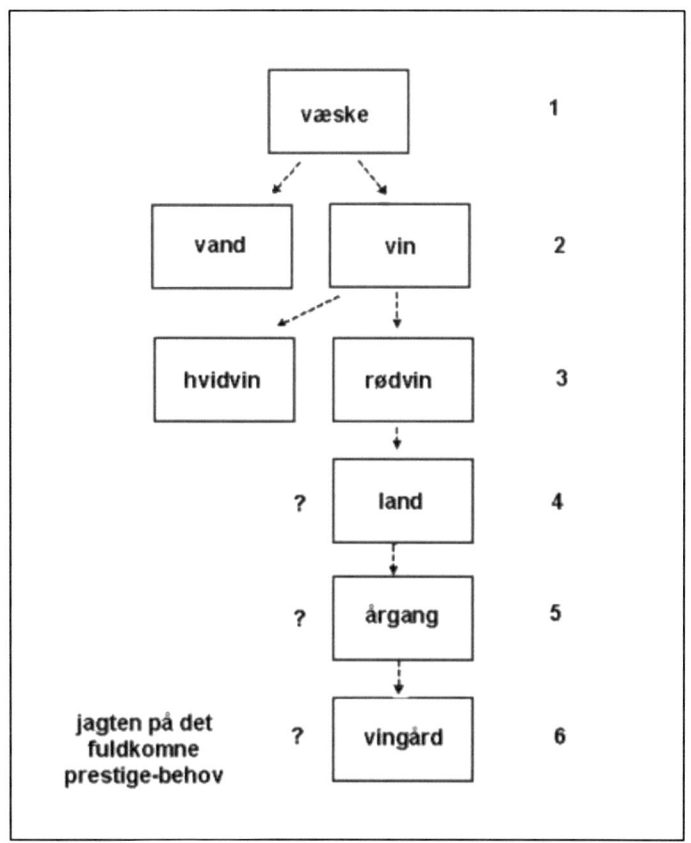

1. Behovet for væske kan opfyldes med enten vand eller vin.

2. Vin vælges fordi vand kan være forurenet.

3. Rødvin vælges, idet det er hyggeligt at små-
sludre med andre over et glas rødvin.

4. Den lille egoist vil sikkert vælge fransk vin.
Valget godkendes af omgangskredsen.

5. Det er en bestemt årgang der vælges (og
kun den). Valget anerkendes af samtalepart-
nerne.

6. Så kommer vi til prestigebehovet, der dæk-
kes ved, at rødvinen selvfølgelig er fra en
ganske specifik vingård. – Og helst en "de
andre" ikke kender og som de ikke kan købe
vinen fra.

Maslow ifølge Maslow

Den som ikke ærer det små,
er ikke det store værdigt
Indisk ordsprog

Maslow ifølge Maslow
Den ægte behovspyramide

Ethvert opfyldt behov fører til et eller flere nye behov.

eksempler:

> når
> **behovet for livsnødvendig føde (1)**
> er opfyldt, **opstår behovet** for at
>
> **føden ikke er sundhedsskadelig (2)**.
> Når behovet for "sund" føde er opfyldt **opstår behovet** for at
>
> **måltidet indtages sammen med andre (3)**,
> for nogle mennesker **opstår behovet** for at
> være den, der tilbereder maden, og dermed
> høster
>
> **anerkendelse for tilberedningen (4)**;
> næste **behov der opstår** kan så være, at det
> ikke er måltidets næringsværdi, men derimod
> selve
>
> **fremstillingen er det væsentligste (5)**.

ad.1   I vort samfund optræder behovet for livs-
nødvendig føde næsten ikke i praksis.
Få mennesker i Danmark dør af sult.
Det behov Maslow henfører til de fysiologi-
ske behov er den form for sult = hunger,
som vi kender fra udtrykket hungersnød.

Sult er ikke livstruende, og må derfor henfø-
res til en "højere" uligevægts-tilstand fordi
hunger-behovet er helt eller delvist opfyldt.

ad.2   Behovet for at vore fødevarer ikke er sund-
        hedsskadelige, er faktisk et behov vi tror vi
        selv har "opfundet", men i realiteten er det
        blot et behov vi atter er blevet opmærk-
        somme på.
        I stenalderen, eller meget før, fandt menne-
        skene på at stege eller koge de nedlagte
        byttedyr, sikkert ikke af hensyn til smagen,
        men snarere fordi tilberedt kød ikke så ofte
        giver mavekneb.
        Altså behovet for sikkerhed og tryghed.

ad.3   Den rituelle indtagelse af føde i samvær
        med andre, er i ligeså høj grad et spørgs-
        mål om at dække sociale behov, som beho-
        vet for at indtage den livsnødvendige føde.

ad.4   Her ser vi at der rent faktisk nu er
        fire forskellige behov involveret i vor ind-
        tagelse af livsnødvendig føde, nemlig
        de fysiologiske behov - selve føden -
        tryghedsbehovene sammen med
        de sociale behov omkring selve indtagel-
        sen og endelig
        ego-behovene via anerkendelsen af at ha-
        ve fremstillet et godt, velsmagende måltid.

ad.5   Når **selvrealiserings** behovene skal opfyl-
        des, sker der det mærkværdige, at det
        egentlig er fuldstændig ligegyldigt, om fø-
        den skal / kan spises eller ej, det er i selve

fremstillingsprocessen, kokken får opfyldt sine behov.

Den ægte behovspyramide, er altså ikke en masse behov, der forenkles, og indsnævres, efterhånden som de enkelte behov bliver dækkede. Den er tværtimod noget simpelt (ganske få) behov der medfører et mylder af nye behov. Den ægte pyramide skal derfor stå med spidsen nedad.

Dette signal kender vi også godt fra advarselstrekanter (f.eks. Fuldt Stop ved en hovedvej), men det er sjældent vi opfatter vore behov og opfyldelsen af dem, som noget vi skal være agtpågivende overfor;

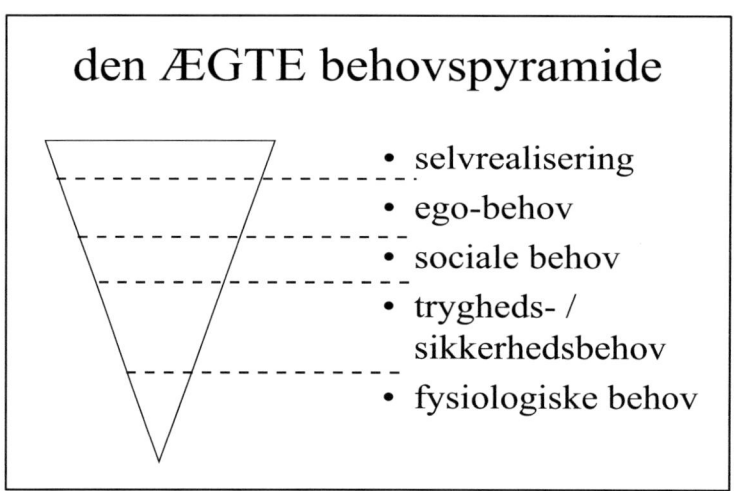

den ÆGTE behovspyramide

- selvrealisering
- ego-behov
- sociale behov
- trygheds- / sikkerhedsbehov
- fysiologiske behov

men...
behovs-uligevægt
= et ufuldstændigt opfyldt behov

som   medfører opfattelse af ringere livskvalitet og
        fører i yderste konsekvens til frustration.

Hele forureningsdebatten, der er opstået efter udvi-
delsen af vore etiske normer, er dybest set et resul-
tat af ubalance i de fysiologiske behov samt tryg-
heds-/ sikkerhedsbehovene:

Behovet for luft.
        sikkerhed for, at vi ikke dør af den luft vi
        indånder.

Behovet for vand.
        sikkerhed for, at vi ikke dør af det vand vi
        drikker.
        sikkerhed for, at vi ikke dør af den føde vi
        indtager.

Behovet for sikkerhed for,
        at der er rent vand og ren luft også "i mor-
        gen".

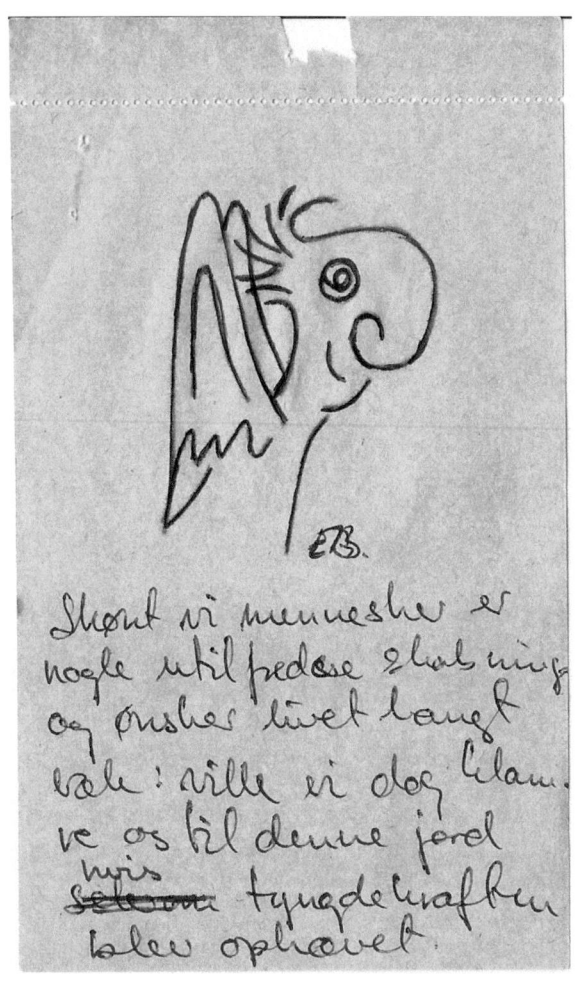

Skønt vi mennesker er nogle utilfredse skabninger,
og ønsker livet langt væk; ville vi dog klamre os til
denne jord, hvis tyngdekraften blev ophævet.

Behovsbevidsthed contra intelligens

Hvis din hest er død, så stå af..
indiansk ordsprog

Behovsbevidsthed og intelligens

Lad os vende Maslows teori lidt på hovedet.
I stedet for at se på de enkelte behov og deres mulige dækningsgrad kan vi prøve på at se på begrebet **behovsbevidsthed contra intelligensniveau.**

Vi ved at de **fysiologiske behov** er fundamentet for alt liv, og at behovsdækningen ikke nødvendigvis kræver intelligens.
Dette ses f. eks. ved at planter har et behov for at få dækket de fysiologiske behov: vand, sol, jord, gødning (føde) etc.

Vi ved ligeledes, at **behovene for tryghed og sikkerhed** hos dyr oftest dækkes af dyrs og planters udseende hvilket i sig selv ikke kræver intelligens.
Når en sommerfugl ligner en giftig plante, er det dens behov for sikkerhed der forsøges dækket.
Når måger bor i kolonier, er det ikke for at dække de sociale behov, men snarere tryghed og sikkerhedsbehovene der skal dækkes.

De **sociale behov** dækkes bl.a. af højerestående dyr ved, at disse lever i familie-flokke og at denne symbiose **kræver en vis intelligens**.
Når et antal hunløver lever sammen og i fællesskab opdrager deres unger er der for mig ingen tvivl om, at det udover sikkerhed/tryghed også er sociale behov, der bliver dækket.

At få **ego-behovene** dækket **kræver nogen intelligens** og må vi lidt længere op af "intelligensstigen", for at få disse behov dækkede.
Den gamle egoistiske hanabe, der leger med abe-

70

ungerne, dækker for mig at se et ego-behov.

Behovene for **selvrealisering** ses vel **kun hos mennesker.**

Jeg vil således postulere, at

behovsbevidstheden er ligefrem proportional med intelligensniveauet

altså
**Jo højere intelligensniveau
Jo højere behovsbevidsthed.**

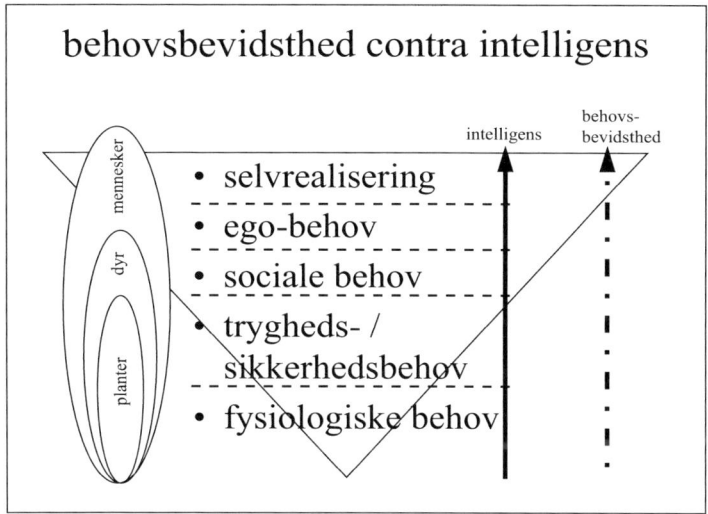

Udviklingen i vore
etiske normer

Hvis du ser en skildpadde
på en hegnspæl-
er der nok nogen der
har hjulpet den derop
Little Jim Dickens

Udviklingen i vore etiske normer

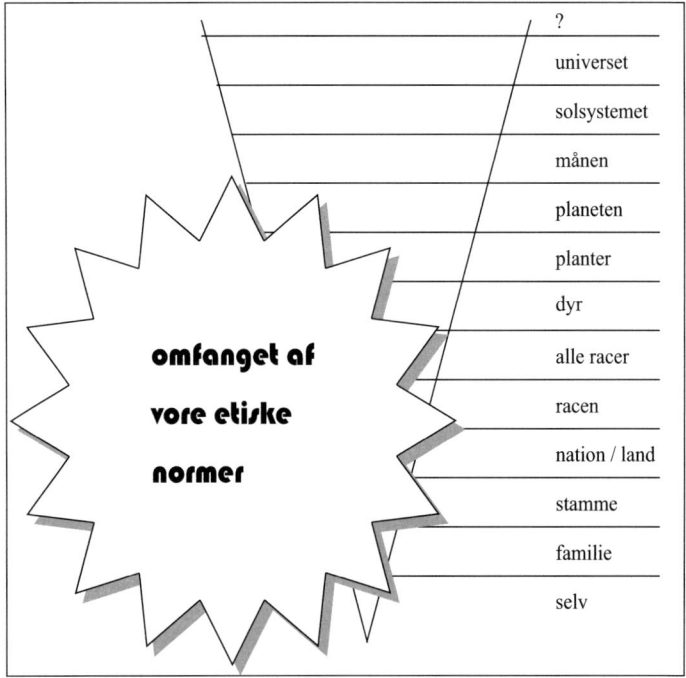

Vore etiske normer, altså det vi føler os ansvarlige for, har gennem historien undergået en ret så kraftig udvikling.

Vi må formode, at det første menneske (Adam) udelukkende følte sig ansvarlig overfor sig selv og sine behov (primært de fysiologiske behov: søvn, føde, væske etc.).

Da hans partner (Eva) kom til, udvidedes hans ansvarsfølelse sig til også at omfatte Eva.

74

Der var nu opstået et nyt fysiologisk behov,
man skulle selv sørge for individets reproduktion
(på nudansk: sex), samt dækning af dette behov.

Efterhånden opstod der små familier, og de etiske
normer kom til at omfatte familien (yngelpleje).
Tryghedsbehovene gav sig udslag i, at der opstod
samlinger af familier (stammer), hvorfor de etiske
rammer igen udvidede sig.
De omfattede nu hele stammen.

Efterhånden som befolkningen voksede, og de for-
skellige grene af stammerne befolkede et større om-
råde, opstod der små lokale samfund (kongedøm-
mer) bestående af mere eller mindre beslægtede
familier, og naturligvis kom de etiske normer til at
omfatte kongedømmet eller senere nationen eller
fædrelandet.
Hvor denne udvikling har fundet sted over adskillige
tusind år, er der gennem de seneste par hundrede
år sket en hurtig og gennemgribende udvikling af
vore etiske normer.
Ansvarsfølelsen for vor egen race er gradvist blevet
udvidet til at omfatte alle racer.
I takt med vor erkendelse af at have drevet rovdrift
på naturen, er vore etiske regler også begyndt at
omfatte dyreverdenen.
Måske i højere grad de såkaldte vilde dyr (hvalerne /
elefanterne) end de tamme dyr (burhøns / tremme-
kalve).
Rovdriften på naturen har ligeledes medført en sti-
gende ansvarsfølelse for planteverdenen. ("red
regnskoven" -kampagner / fredning af sjældne plan-
ter etc.)
Fredning af særprægede og enestående landområ-

der, bekymringen over den globale opvarmning, hullerne i ozon-laget etc. viser at vor ansvarsfølelse så småt er begyndt at omfatte hele planeten.

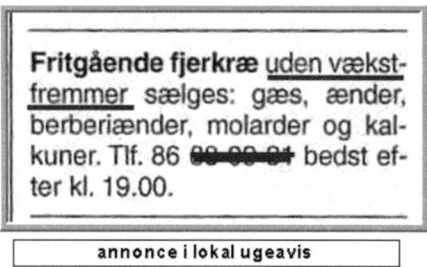

Urfolkene havde ikke de store spekulationer om deres etiske normer.
De levede helt enkelt som en del af naturen, og havde derfor en naturlig ansvarsfølelse for dyrelivet og plantelivet.
De opfattede sig selv som en del af naturen, og naturen som en del af dem selv.

Denne harmoni med omgivelserne, har naturligvis medført en god behovsdækning, både for de fysiologiske behov, tryghedsbehovene, de sociale behov og muligvis også ego-behovene.

Selvrealiseringsbehovene er muligvis en "moderne" opfindelse set med historiens lys, og dog genfinder vi ønskerne om at få dækket selvrealiseringsbehovet i de fleste religioner.
I mange religioner er selvrealiseringen visualiseret ved himlen, hvor du skal sidde ved Guds højre hånd.

Når jeg i det følgende forsøger at påvise, at Maslows teorier om behov, er lige så gældende for planter,

som dyr og som for mennesker; gøres dette velover-
vejet ud fra både en kristen og en ateistisk opfattelse
af skabelsen.

Ifølge den kristne lære skabte Gud hele verdenen.
Først himlen, så kloden, dernæst vand og land, der-
efter planter og dyr, og til sidst menneskene i sit eget
billede.
Der er altså i henhold til dette et fælles ophav, nem-
lig Gud.
Uanset det "kun" var menneskene der blev skabt i
hans billede, vil jeg postulere at der også blev lagt
lidt af hans "sjæl" i både dyrene og planterne.

Hvilken kunstner skaber et sådant storværk uden at
have sin sjæl og sine følelser med sig i alle detaljer-
ne? INGEN.
Det er altså temmelig sikkert, at "noget" er fælles for
dyr, planter og mennesker.

Set fra et ateistisk synspunkt, hvor det hele startede
med nogle bakterier på en halvglødende planet, har
vi også fælles ophav.
Udviklingen fra bakterie til menneske ses "næsten" i
det menneskelige fosters udvikling, så med lidt god
vilje kan man sige at ethvert menneske bærer både
planter og dyr i sig.
Hvorfor skulle menneskenes behov så udelukkende
være forbeholdt menneskene?

Måske kunne man også foretage et lille tankeekspe-
riment -
GUD skabte det hele af "ingenting",
'The Big bang'-teorien siger, at det hele skabtes af
"ingenting".

Pudsigt ikke?
Måske er dette det nærmeste vi kommer på det videnskabelige bevis for troen på en Guds eksistens?

Livskvalitet?
lykke-fænomenet

Den kjærlighed
volder mig ingen kvaler
jeg ælsker mig selv,
og har ingen rivaler.
(Johann Herman Wessel)

Lykke-fænomenet

Sophus Nervil genfortæller i sin bog "tankens magt" en historie fra det gamle Asien:

"I Asien var der engang en konge, rig, mægtig og i stor herlighed, men han var aldrig rigtig glad og tilfreds - han bildte sig ind at han var syg.
Læger blev tilkaldt, men forgæves. - Ingen kunne hjælpe.
Da gav en gammel klog mand det råd, at kongen skulle sove én nat i den lykkeligste mands skjorte, så ville han blive karsk (dvs. sund, rask), thi hans lidelser var ikke legemlige, men psykiske.
Og der gik bud over det ganske land for at finde den lykkeligste mand"
 - vi kender alle resultatet i det gamle eventyr;
"da kongen ville afkøbe ham hans skjorte - så viste det sig, at han ikke ejede skjorte på kroppen"

Vi kender det så godt - vi jager over stok og sten efter lykken
for blot at finde ud af
at lykken i sig selv ikke ejer skjorte på kroppen
- den er kun lykke og intet andet.

Lykken er et **ulegemligt** begreb, der **fornemmes** af det forunderlige væsen - **jeget** - som sidder der dybest inde, hvor skjorter og andre ydre herligheder kun er uvæsentlige biting.
Det er således kun en selv, der ved om man er lyk-

kelig - jeget kan ikke påvirkes af andre end en selv.

Hvis nogen stillede spørgsmålet **har du livskvalitet** (har dit liv kvalitet), ville jeg straks, indeni mig selv, omforme dette til det lidt mere gammeldags, men samtidigt mere håndterlige:
Er du lykkelig?

At svare ærligt på dette, kræver lige så meget ærlighed, som det kræver at sælge elastik i metermål.
For den uærlige er en meter ikke en meter, medmindre den bliver trukket/strakt ud.
Det samme med vore følelser (vores lykke) -
de rækker måske ikke så langt, som vi **giver udtryk for** (en meter er ikke en meter).
Så længe vi har denne småuærlighed, hvor vi smålyver for os selv, er det umuligt at måle livskvalitetsgraden.

Men lad os alligevel se om vi kan få teorierne om kvalitet og kvalitetsopfattelsen til at give os i det mindste et fingerpeg om livskvalitetsgraden.

Lad os prøve at anvende formlen for kvalitetsopfattelse

$$K = B / F \geq 1$$

selvom

  a. livskvalitet er ikke noget der kan måles eller vejes,
  b. livskvalitet er ikke noget man kan tage og føle på.

Det er dog muligt at "kvalificere" de enkelte faktorer.

Tager vi udgangspunkt i teorien om "fuzzy logic" kan vi nærme os nogle talværdier der kan bruges i det videre forløb.

Hvad er fuzzy logic?

"Den Store Danske" bringer følgende definition:
fuzzy logic, logisk metode, som kan behandle viden (udsagn), hvis sandhed ikke kan bedømmes entydigt, og hvori det er muligt at udtrykke forbehold, der kendetegner det menneskelige skøn.
Hvor udsagnslogik og prædikatslogik sædvanligvis kun opererer med to sandhedsværdier, sand og falsk, ofte symboliseret ved 1 og 0, så tilskrives udsagn i fuzzy logic også værdier mellem 0 og 1.
Man kan således operere med mellemstadier mellem sand og falsk, fx meget sand, temmelig sand og næsten falsk svarende til værdier som fx 0,98, 0,75 og 0,05.
Fuzzy logic er udviklet i 1965 af den amerikanske professor i datalogi Lotfi A. Zadeh (f. 1921)

Lad os tage en "historie" fra det virkelige liv, (rent faktisk torvet i Kjellerup nær Viborg)

Der findes nogle mænd, der hver dag mødes på samme sted og samme tid, med det (tilsyneladende) ene formål at:
drikke 10 guldbajere hver.

Vi tager nu en af disse personer, og spørger om han har **livskvalitet**?

Jeg er temmelig overbevist om, at langt de fleste vil sige, at det har han ikke, men jeg vil vove den på-

82

stand, at det har han,
Fordi:

> han glæder sig til at være sammen med
> gutterne,
> han glæder sig til at få de 10 guldbajere
> - *og han får dem!*

omsat til formlen:

Hans følelse af behovsdækning er lig med hans for-
ventning til behovsdækningen;
B sættes til 1 og F sættes ligeledes til 1

altså må han have opfattelsen af livskvalitet -

K = 1 set i relation til 1 ⇨ altså K = 1

I morgen får han måske ikke de 10 guldbajere - han
har kun råd til 2, og de andre gutter har heller ingen
penge den dag -

omsat igen til formlen

Hans følelse af behovsdækning **er noget mindre
end** hans forventning til behovsdækningen og den
dag oplever han ikke livskvalitet.

B sættes til 0,2 og F sættes stadig til 1

K = 0,2 set i relation til 1 ⇨ altså K = 0,2

Hvis man nu, set over en længere periode, forestil-
lede sig, at det antal dage hvor han fik de 10 guldba-
jere, totalt set var de færreste, ville hans forventnin-
ger, og dermed også hans behov, tilpasse sig den

realistiske situation.

Han ved jo godt (når han skal være ærlig), at det ikke er hver dag han får de 10 guldbajere.

Hans forventningsniveau (behov) er altså lavere end det vi forudsatte.
Hans totale følelse af behovsdækning vil således nærme sig 1, og jeg vil postulere at han totalt set oplever livskvalitet.

Selvom han, på disse præmisser, oplever livskvalitet, er det jo ikke helt sikkert, at han ikke har noget ønske om at forandre sin livssituation.
Det kan meget vel tænkes, at han inderst inde (jævnfør hans ærlighed omkring egen følelser) har et ønske om at få andre 'kvaliteter' ind i sit liv.
Rettere sagt, der er sikkert nogle andre behov han ønsker dækket - f.eks. en seng at sove i, eller lidt tryghed og sikkerhed i dagligdagen.
Hans mulighed for at forandre sin egen situation er meget afhængig af, dels hans ønske om forandring, dels hans vilje til forandring.
Der er med andre ord et ønske om forandring der ligeledes skal ses i relation til hans vilje til forandring.

Dette gør det nødvendigt at udvide formlen til at omfatte en korrektionsfaktor der tager højde for både hans ønske om forandring og hans vilje til forandring.

$$K = (B / F) * (V \approx Ø)$$

hvor

K = **livskvalitet**sopfattelsen
der er lig med

B / F   der er forholdet mellem

    B = hans **totale opfattelse af behovs-dækningen**
    F = hans **forventninger til behovs-dækningen**

der så skal korrigeres med

V≈Ø   der er forholdet mellem

    V = hans **vilje til forandring** af egen situation
    Ø = hans **ønske om forandring** af egen situation

Her ser vi så noget paradoksalt:
Hans vilje til forandring kan aldrig overstige hans ønske om forandring.

Forholdet mellem vilje og ønske er nogle meget diffuse faktorer, der hænger uløseligt sammen med, hvor motiveret han er for forandring af sin nuværende situation.

Telefonen ringer hos planteavlskonsulenten:
Goddag, det er fru Nielsen fra Vesterbro.
Jeg skal til at have blomster i min altankasse,
og nu er det, jeg gerne vil spørge:
Skal man så frøene to og to for at få blomster

Livskvalitet for planter?

Før en rose ved af det,
er den en gammel hyben.

Teorien anvendt på potteplanter

Da vi af gode grunde ikke har noget kendskab til planters ønsker om forandring, endsige deres evne til forandring må vi prøve at anskue problematikken med den lille formel

$$K = B/F \geq 1$$

Hvor
K = **kvalitet**sopfattelsen
B = følelsen af total **behov**sdækning
F = **forventning**en til behovsdækningen

Plantens livskvalitet skal altså, jævnfør tidligere, udelukkende ses som relationen mellem de fysiologiske behov og deres dækning:

(K) Livskvalitet =	B = vand, lys, omsorg
	set i relation til
	F = fysiologiske behov

man kan altså sige, at
hvis de fysiologiske behov opfyldes efter plantens behov, har plantens liv kvalitet

planten har som sådan, formentlig ingen behovsbevidsthed, men uden opfyldelse af de fysiologiske behov vil planten dø.

Følgende faktorer spiller her en afgørende rolle:
overvanding
for meget / for lidt solskin
ingen ompotning

ingen gødning

Det kan ikke være muligt at korrigere for plantens **ønsker om forandring**, idet disse ikke med kendte metoder er målbare.

Plantens **vilje til forandring** er ligeså svær at måle men er muligvis stor.

Det er således umuligt at anvende en motivations-faktor, når det gælder planter.
Når de fysiologiske behov ikke opfyldes, er dens eneste mulighed for at sikre artens bestående: hurtigst muligt at blomstre og sætte frø.

Men da plantens behov ikke opfyldes, er dens eneste mulighed, at anvende sig selv til at opfylde frøenes behov, og det i en sådan grad at den selv (moderplanten) dør.

Samtidigt er det paradoksalt, at hvis plantens behov overfortolkes, f.eks. som det sker ved overvanding, træder det samme "overlevelsesinstinkt" for individet i kraft, og planten dør.

Lad os se på planter som produktionsapparat (profitobjekt)

Vi tager udgangspunkt i et gartneri, hvor der produceres potteplanter (efeu-planter.)
Disse planter bliver fra fødsel (stikling) til udgang (grossist), passet og plejet meget nøje.

Intet overlades til tilfældighederne.
Planternes fysiologiske behov, samt

deres trygheds- og sikkerhedsbehov opfyldes,
med det ene formål, at frembringe så god en salgs-
vare som muligt.

Det er altså ikke hensynet til planterne der gør, at de
får optimale vækstbetingelser,
men lad os alligevel se på disse planters livskvalitet:

> efeuerne prikles, flyttes, omplantes etc. ca.
> 10 gange i forløbet
> får ny jord (ompottes)
> tvangsfodres, via drypvandingsanlægget.

Deres totale behovsdækning svarer nogenlunde til
det vi tror, er deres forventninger til behovsdæknin-
gen. – de gror da!

Altså

$$K = B/F \geq 1$$

Deres livskvalitet er større end eller lig med 1.

Det kan måske synes besynderligt at tale om livs-
kvalitet (herunder intelligens) for planter, men vi ob-
serverer både søvnbevægelser hos planter, ligesom
visse plantearter er i stand til at "flytte" sig med hen-
blik på at opnå maksimal udnyttelse af sollys.
Prøv også at berøre en mimose, eller bare slå på
urtepotten, og planten vil straks "spille død".

(Jeg henviser her til en ret så interessant bog der
udkom i 1975: "Planternes hemmelige liv".)

Livskvalitet for dyr?

Lykken er at åbne et vindue,
og slippe en bi ud
Kinesisk ordsprog

Teorien anvendt på dyr

Vore udvidede etiske normer, gør at vi er begyndt at tænke over, om det nu også er godt for dyrene, at vi udelukkende opfatter dem som værende et produktionsapparat der skal sikre os fødevarer, der overholder vore normkvalitetskrav.
Men, og der er et stort men - det er stadig profit, der betaler forskningen.
Altså, hvis vi ikke får en bedre normkvalitet, tror jeg ikke på, at vore etiske regler kommer til at omfatte dyr endsige planter.

Vore krav til normkvalitet, gør at vi bestemmer livskvaliteten for dyr - og dermed forringer den.
Man indfanger vilde dyr (mår/mink) for at forske i dyrenes frustrationer.
Man forsker i fodring / ydelse hos høns (burhøns),
Man forsker i køer, får, grise etc. (de bliver bl.a. fodret med "forsker-grovfoder")
Denne forskning er i bund og grund ikke af hensyn til dyrene, men for at opfylde vi menneskers behov for optimale fødevarer. Profithensyn spiller naturligvis også ind her.

Jeg tror på, at burhøns og i hvert fald de vilde mink, har et udpræget ønske om at forandre på deres egen situation.
Livskvalitetsformlen vi anvendte på planter er altså ikke længere tilstrækkelig.
Den må udvides med en korrektionsfaktor for "tilfredshed med egen situation":

$$K = (B/F) \succ (E \approx M)$$

Formlen kommer så til at lyde:

**Livskvalitet er forholdet mellem den
totale behovsdækning og forventningerne
til den totale behovsdækning,
korrigeret med forholdet mellem
evnen til og muligheden for at forandre egen situation.**

Mink i fangenskab?

En vild mink bliver i fangenskab passet og plejet
efter alle kunstens regler -
dens fysiologiske behov bliver således opfyldt,
dens trygheds- og sikkerhedsbehov bliver også opfyldt.
(eneste umiddelbare "fare" er jo dyrepasseren)

B i forhold til F bliver således 1,

men det ville være letsindigt, at lade dens livskvalitet
være 1, for netop
dens ønske om og vilje til at forandre egen situation, er formodentlig ret stor (minken er jo sjovt nok
lukket inde i et bur);
hvorimod dens **mulighed** for og dermed **dens evne**
til forandring synes temmelig begrænset.

Forholdet mellem dens evne til forandring og dens
mulighed for forandring (E set i forhold til M) er i
formlen formentlig af en størrelsesorden = 0,3 til 1
(30% eller 0,3).

K = (1 / 1) x 0,3 = 0,3
altså en ret ringe livskvalitet.

Når forholdet sættes til 0,3 og ikke 0 skyldes det det faktum, at indimellem lykkes det for minkene at slippe ud af buret.
Her kan det måske være på sin plads at minkens motivation (Vilje og Ønske) til forandring spiller en væsentlig rolle for minkens chance for at slippe ud af buret.

Hvad med hønsene?

Hvordan går det så med det specialiserede produktionsapparat vi har fået udviklet, og som vi kalder burhøns (du husker, at det var dem vi startede med at spærre inde i redekasserne).

Hvordan går det med burhønens livskvalitet? - Hvordan er dens forventning til sin egen behovsdækning?

Nu tror jeg ikke burhønen har nogen høj behovsbevidsthed, men vil alligevel postulere, at visse behov skal dækkes for artens beståen, så naturen (individet) må have en indbygget forventning om en vis behovsdækning.
(F = 1 i formlen).
Føde, vand er til stede,
tryggheden er til stede,
sikkerheden er til stede, (ræve tager sjældent burhøns),
sandbadning som er et væsentligt behov dækkes ikke,
ligesom behovet der sikrer artens beståen (sex) ikke

94

bliver dækket (æggene skulle også nødigt være befrugtede, så er de ikke så holdbare - og overholder dermed ikke normkvaliteten),
hønsenes sociale behov (høns er jo som bekendt flokdyr) dækkes på ingen måde, selvom der kan være flere høner i et bur.

(B = 0,5 i formlen)

Evner til og mulighed for forandring af egen situation, er absolut meget lille i relation til de ønsker om og viljen til forandring burhønen må formodes at have.
Tilfredshedsfaktoren er altså i realiteten 0 (nul).
Lad os prøve at sætte det ind i formlen:

$$\textbf{K = (0,5 x 1)} \approx \textbf{0} \Rightarrow \textbf{0,5}$$

altså absolut ikke livskvalitet.

Det kan måske synes besynderligt at tale om livskvalitet (herunder intelligens) for dyr, men kan dyrs såkaldte betingede reflekser ikke til en vis grad sidestilles med vore "erfaringer"? –
"brændt barn skyr ilden",
"kun en tåbe frygter ikke havet",
"gå aldrig tilbage til en fuser" etc.

En hunds forkærlighed for ritualer, kan vel lidt skævt opfattes som udtryk for vilje:
"Jeg spiser ikke før han siger vær-så-god."

"det er sjovt det her: Hvis jeg henter hans pind, smider han den igen!"

95

"hvis jeg henter hundesnoren, ved han at jeg skal ud for at tisse!"

Livskvalitet for mennesker

Vi tør ikke, fordi det er svært
men det er svært, fordi vi ikke tør

Teorien anvendt på mennesker.

Aristoteles, der levede 382 - 322 f. Kr. (altså for knapt 2.400 år siden) skrev i sit værk "Statslæren":

Fritid synes i sig selv at indebære velbehag, lykke og en tilværelse i lyksalighed, og det oplever man ikke ved at arbejde, men kun når man har fritid. Den, der arbejder, har et mål for øje i sit arbejde, som han endnu ikke har nået, medens lykken er et mål, som efter alles mening er forbundet med lystfølelse og ikke med smerte.
Men skønt alle er enige herom, har de dog forskellig opfattelse af, hvori denne lystfølelse består, idet de enkelte mennesker bestemmer den selv ud fra sig selv og deres karakter.

Som vi ser, var det allerede for 2.400 år siden klart at **det der bestemmer om vi er lykkelige / altså har livskvalitet, er os selv - og ingen andre.**
Det er ligeledes klart, at det er vor egen indflydelse på egen situation der er bestemmende for om vi har livskvalitet eller ej:

Formlen skal altså skrives lidt om igen, det er ikke nok med **V**iljen til og **Ø**nsket om forandring, (egentlig vor motivation i den givne situation).

Der er også en direkte sammenhæng mellem **evnen til** og **muligheden for** forandring.

Formlen kommer så til at lyde:

> **Livskvalitet er forholdet mellem den totale behovsdækning og forventningerne**
> **til den totale behovsdækning,**
> **korrigeret med en tilfredshedsfaktor,**
> **der er**
> **forholdet mellem på den ene side**
> **evnen til og muligheden for at forandre egen situation og**
> **på den anden side**
> **ønsket om og viljen til at forandre egen situation.**

Kan vi så beregne livskvalitet?
Inden vi kommer så langt er vi nødt til at se lidt på forholdet mellem Ønsker, Vilje, Evner og Mulighed.

Hos den vilde mink i forrige afsnit var der en klar sammenhæng mellem **E**vne og **M**ulighed;
Hos vi mennesker er der ikke samme umiddelbare forhold.
Evner kan meget vel overstige mulighederne, ligesom det modsatte kan være tilfældet.

Vi er nødt til at skelne mellem **Ø**nsker og **V**ilje –
Det er muligt at du ønsker forandring – men at du rent faktisk ikke gider – du mangler altså viljen
~(motivation)

Vores tilfredshedsfaktor kommer så til at se sådan ud: **(E+M) / (V+Ø)**

Hvor tilfredsheden udtrykkes som forholdet mel-

lem vilje og ønske set i relation til evne og mulighed.

Formlen kommer således til at se sådan ud:

$$K = \tfrac{B}{F} \succ \left(\tfrac{V \approx \varnothing}{E \approx M} \right)$$

Vi kan prøve at anvende formlen på
en kriseramt kvinde før opholdet på krisecenteret
altså en person med det vi kan kalde en
knækket livskvalitet:

Hendes forventninger til behovsdækning, i dagligdagen, opfatter hun måske som indfriede, men selvom hendes fysiologiske behov er dækkede er hendes trygheds- og sikkerheds behov ikke dækkede (manden både drikker og banker hende).

Hendes sociale behovsdækning vakler.

Vi så allerede ved planterne, at hvis de to nederste lag hos Maslow er i behovs-uligevægt, kan det få katastrofale følger; så forholdet mellem **B** og **F**, vil jeg tro nogenlunde svarer til forholdet hos burhøns, altså

B i relation til F = 7 / 10 = 0,7

Hendes ønske om forandring er formentlig ret stor, altså **Ø = 10.**

Hendes **vilje** til forandring, vokser sig støt og roligt op på **V = 8.**
(Hendes motivationsfaktor øges)

100

Hendes evner til forandring **(E)** er tvivlsomme, *(hun elsker ham jo)*, ligesom hendes mulighed for forandring **(M)** hæmmes af mandens tyranni. (f.eks. den voldelige adfærd).

> **E sættes** for eksemplet skyld **til 9**
> **M sættes** ligeledes **til 3**

V≈Ø bliver således 10≈8 = 1,25
E≈M bliver således 9≈3 = 3
Korrektionsfaktoren bliver så 1,25 / 3 = 0,417

formlen kommer så til at se således ud:

$$K = 0,7 \times 0,417 = 0,2919$$

altså **temmelig ringe livskvalitet.**

På det tidspunkt, hvor hun endelig har truffet beslutningen om at tage på krisecenteret - vil jeg vove den påstand, at når hun træder indenfor døren på krisecenteret, oplever hun **momentan livskvalitet**.

Hendes behovsuligevægt afløses af ligevægt, hendes utilfredsfaktor nærmer sig en (1) og bliver en tilfredshedsfaktor, så indsat i formlen vil resultatet være tæt på 1 - **altså livskvalitet**.

Hvis vi ønsker at forbedre eller forandre vores livskvalitet er vi paradoksalt nok nødt til at arbejde med to formler:

En hvor Evne og Mulighed er større end Vilje og Ønske,

101

$$K = \frac{B}{F} \succ \left(\frac{V \approx \emptyset}{E \approx M} \right)$$

Denne situation giver ikke umiddelbart mulighed for forandring, idet motivationen totalt mangler.
Kun ved at forbedre motivationsgraden er der mulighed for at ændre på den bestående situation.
Groft sagt er livskvaliteten til stede i den "mængde" man ønsker.

Den anden formel, og den der "kan bruges" er situationen hvor Vilje og Ønske om forandring er større end Evne og Mulighed.

$$K = \frac{B}{F} \succ \left(\frac{E \approx M}{V \approx \emptyset} \right)$$

Her er det ikke motivation der mangler, men Evne og Mulighed.
Evner og muligheder er absolut faktorer man ved lidt "selvdisciplin" som menneske kan forbedre.

Hvad med din livskvalitet?

For at finde ud af det
må man først finde ind i det
men har man endelig fundet ind i det,
så er det ikke til at finde ud af!
Robert Storm Petersen

Hvordan er din livskvalitet?

Da livskvalitet, er og bliver noget meget personligt, er det noget sludder at postulere at min livskvalitet er bedre eller dårligere end din.

Kvalitet er hvad du forventer,
og ikke hvad din nabo forventer.

**Din livskvalitet er udelukkende
afhængig af hvilke behov
DU ønsker opfyldt for DIG SELV,
og IKKE hvilke behov
jeg ønsker opfyldt for dig.**

Med udgangspunkt i de forskellige former for samarbejdsspil, jeg i tidens løb er blevet "udsat" for, har jeg udarbejdet nogle forskellige udsagn.
Det er naturligvis stærkt generaliserede udsagn.
Du vil måske synes at udsagnene er "skudt helt forbi" dine behov.
Nuvel – så er det op til dig, at skabe dig nogle helt nye, og for dig relevante spørgsmål.
Det vigtigste er ikke selve udsagnene, men den "proces" du gennemgår, mens du forholder dig til de enkelte udsagn.

Som det fremgår af afsnittet, "Forslag til brikker til spillet", er de forskellige udsagn delt op i grupper, der samtidigt har hver sin farve.

Gruppeopdelingen henviser til den behovsgruppe, i Maslows behovspyramide, udsagnene refererer til.

1. gruppe (gul)	henviser til de fysiologiske behov.
2. gruppe (orange)	henviser til trygheds- / sikker- hedsbehovene.
3. gruppe (rød)	henviser til de sociale behov.
4. gruppe (blå)	henviser til ego-behovene.
5. gruppe (grøn)	henviser til behovene for selvreali- sering.

Denne gruppeopdeling bliver først interessant, hvis du ønsker at analysere "hvor langt" du er nået i Maslows pyramide.
Det er altså muligt at konstatere, hvilke behovsgrupper du har dækket, og hvilke behovsgrupper du er gang med at dække.

Der findes ingen" brikker" til 6. gruppe, idet denne gruppe, efter min opfattelse kun indeholder et enkelt behov, nemlig "egocentrisk prestige".
Et absolut synligt behov (hvis dækket), er totalt umuligt at kvantificere.

Sådan spiller du spillet

Kortene indeholder udsagn, der har større eller mindre betydning for opfattelsen af livskvalitet.

Kortene gennemgås relativt hurtigt.
I første omgang for at adskille dem i relevante og irrelevante udsagn.

De relevante udsagn (oftest ca. halvdelen) deles nu i to bunker.
Den ene bunke indeholder udsagn der, for dig, ikke er "nødvendige" for at du oplever livskvalitet, den anden bunke indeholder udsagn, der er nødvendige for at du oplever livskvalitet.

De nødvendige udsagn (igen ca. halvdelen) deles atter i to bunker.

Den ene bunke (A) indeholder nu de udsagn (forventninger), **der skal opfyldes** for at du oplever livskvalitet.

Den anden bunke (B) indeholder så de udsagn der, i dette øjeblik, gør, at du **lige nu oplever** en følelse af livskvalitet (tilfredshed).

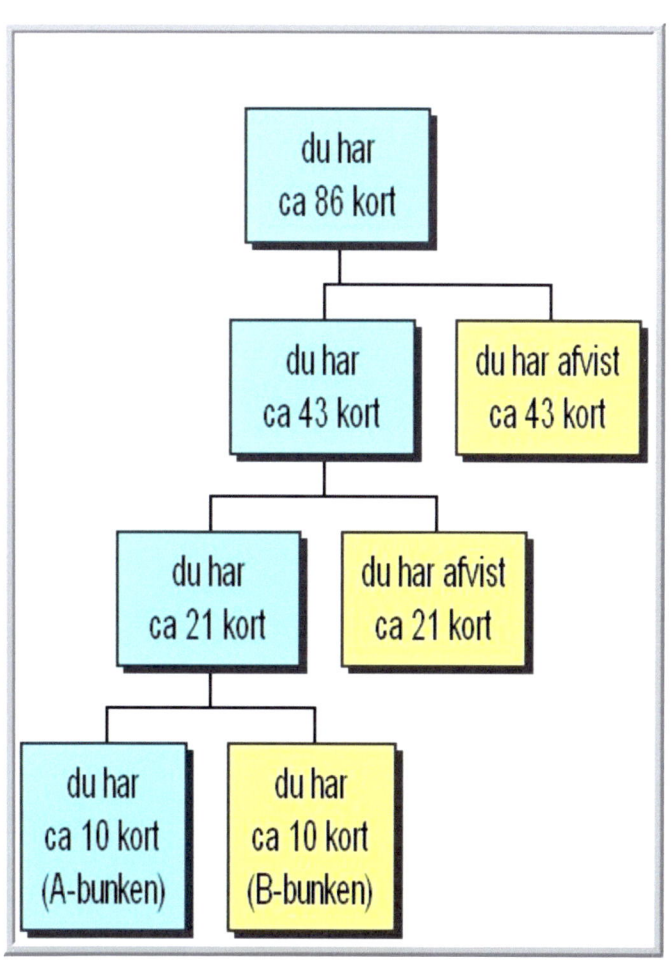

Ved at anvende **A-bunken**, kan du nu lægge en "slagplan" (handlingsplan), for hvilke tiltag, du kan, vil og ønsker at gennemføre for at opnå en fremtidig og bedre (højere) livskvalitet, end den du i øjeblikket oplever.

Ved at anvende **B-bunken**, er det muligt, at kort- lægge i hvor høj grad, du lige nu oplever livskvalitet. Hvis du derefter anvender tilfredshedsfaktorerne, kan du se, om der er tiltag du bør gennemføre for at forbedre din nuværende livskvalitet.

Umiddelbart kan dette virke som det samme –

men prøv -
Det er det ikke.

Livskvalitet er noget du oplever - her og nu -
Spiller du spillet i dag får du én B-bunke,
Når du spiller spillet i morgen vil du få en anden B-bunke.

A-bunken derimod vil indholdsmæssigt være mere stabil.

Ved at anvende de farver A-bunkens udsagn er trykt på, kan du se hvilke af Maslows behovsgrupper, der har størst betydning for din **fremtidige** oplevelse af livskvalitet.

Ved at anvende de farver B-bunkens udsagn er trykt på, kan du se hvilke af Maslows behovsgrupper, der har størst betydning for din **nuværende** oplevelse af livskvalitet.

Men lad os allerførst prøve at kigge på de ca. 10 kort (A eller B-bunken) vi har sorteret fra.

Der er ingen som helst grund til at prioritere kortene, du kan ligeså gerne lægge dem alfabetisk op, det gør ingen forskel.

Du kan nu bruge skemaet til beregning af din livs-kvalitet.

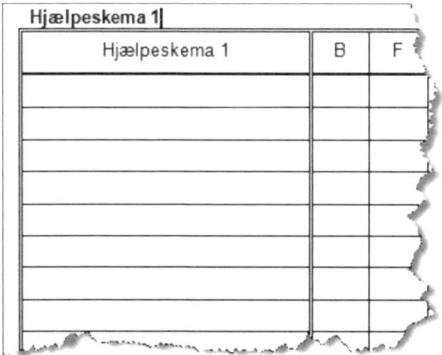

Teksten fra det første kort skrives over på skema-et.(rubrikken **mine behov**),
For at kunne bregne fuzzy-logic værdien er du nødt til at anvende tallene 1-10,
hvor 10 er højeste værdi og
1 er laveste
På samme linje udfylder du rubrikken **F** med talvær-dien **10.**
Rubrik **B** udfylder du med den grad (**fra 1 til 10**) du føler din behovsdækning har.

> Hvis du føler, at det pågældende behov er 100% dækket skriver du 10, mens du med en følt 20% dækning skriver 2.

Hvis du er tilfreds, det vil altså sige du har anført 10-10 i rubrik F og B, er der ingen som helst grund til at udfylde mere, for dette kort (udsagn).

Lad os sige, at du har udfyldt **F med 10** og **B med 8**. Din umiddelbare livskvalitetsopfattelse er altså som 8 i relation til 10 altså 0,8. Du oplever altså ikke direkte livskvalitet på det pågældende område.
(8/10 = fuzzy logic- værdien 0,8)

Hvis din forventning havde været mindre end 10 anføres tallet for din forventning med den grad af behovsopfyldelse du føler.
Hvis din behovsopfyldelse er større end din forventning til behovet (**B** større end **F**), kan dette betyde at du føler dig "omklamret", snarere end at du oplever "superkvalitet".
Denne situation vil helt sikkert medføre et ønske om forandring.

Det er så nu tid til at tage det næste kort, udfylde skemaet, evt. beregne livskvalitetsopfattelsen for dette postulat; du kan derefter gå videre til næste postulat etc. etc. indtil alle postulaterne er indført i skemaet.
Har du beregnet livskvalitetsopfattelsen pr. postulat (linje), bør du nu beregne din "overordnede" livskvalitetsopfattelse.
Dette gøres meget simpelt ved at kolonnerne F, B lægges sammen til en totalsum pr. kolonne.
Du tager nu summerne og dividerer med det antal linjer du har udfyldt.

Du tager nu resultaterne og indsætter dem i formlen, og din overordnede livskvalitetsopfattelse vil nu fremkomme.

Hvis du føler, at et enkelt gennemløb af kortene ikke giver det rigtige billede af din livskvalitet, kan det skyldes at du har tænkt for længe over hvert enkelt udsagn (du har forsøgt at skabe dig dit eget idealbillede – du har altså ikke været ærlig nok), eller også er det simpelthen fordi der mangler præcis de postulater, der giver **dig** livskvalitet.
Hvis der mangler postulater, er der jo ingen der forhindrer dig i at notere de manglende postulater på nogle af de blanke kort – og så lade disse nye og personlige kort indgå i spillet.

Når du har gennemgået kortene et antal gange (sikkert mere end tre), vil der vise sig et grundmønster i hvilke postulater der er 'dine', og hvad der gør at **du** oplever livskvalitet, og i hvor høj grad du oplever denne.

Er du så tilfreds med din situation?

Når skemaet er udfyldt, kan vi så begynde at kigge på vore (u)tilfredshedsfaktorer.
Vi er jo ikke helt tilfredse med vor nuværende situation, vel?

Ved at sammenligne skemaerne for "gengangerne" vil du straks kunne se, hvilke områder der er relevante. Altså, hvilke områder du bør gøre noget ved, hvis du generelt ønsker at forbedre / forandre din livskvalitetsopfattelse.

Skema til beregning af livskvalitet			
mine behov	B	F	K
Gruppe 1 (gule brikker)			
Gruppe 2 (orange brikker)			
Gruppe 3 (røde brikker)			
Gruppe 4 (grønne brikker)			
Gruppe 5 (blå brikker)			
sum			
Vilje til forandring	V		
Ønske til forandring	Ø		
Evne for forandring	E		
Mulighed for forandring			

Inden ovenstående skema udfyldes divideres tallene i de enkelte "farver" (skemaer) med det antal "postulater" du har udfyldt.

Tallene lægge nu sammen kolonnevis – derefter divideres de med det antal "farver" (eller skemaer) du har tal fra.

Nu kan du endelig beregne din oplevede livskvalitet

Du skal nu til at kvalificere din tilfredshedsfaktor.
Hvis du ikke har lyst til eller ønske om at ændre noget må du sætte din tilfredshedsfaktor til 1 (altså $V \approx Ø = 1$ samt $E \approx M = 1$).

Det kan nemlig meget vel tænkes, at du er tilfreds med ikke at få opfyldt dine behov til 100%.

$$K_i = \frac{B}{F} \succ \frac{(V \approx \text{Ø})}{(E \approx M)}$$

Paradokset: at være tilfreds med at være en lille smule utilfreds.

Hvis du derimod er opsat på at ville forbedre din umiddelbare livskvalitet, skal du nu til at vurdere på din **vilje og ønsker** for at forandre på din situation.

Hvis din vilje og ønsker for at forandre tilstanden absolut er til stede skal du udfylde V≈Ø med den aktuelle værdi for V/Ø

Hvad så med din **evne** til at forandre samt din **mulighed** om forandring?
Hvis du virkelig evner at forandre din tilstand, og du samtidigt har muligheden til forandring må du anføre 10; ellers må du anføre en værdi mellem 1 og 10.
Tilfredshedsfaktoren (V≈Ø set i relation til E≈M), vil i langt de fleste tilfælde "forværre" din livskvalitetsopfattelse, men fortvivl ikke, jo større grund er der til at **du** gør noget ved tilstanden.
Lad os gå videre i eksemplet; vi er dog nu nødt til at dele eksemplet op i 2 retninger.
Den ene hvor V≈Ø er større end E≈M;
Den anden hvor V≈Ø er mindre end E≈M.

Set ud fra formlen V≈Ø = 10; E≈M = 5; "Brøken" bliver altså 10/5 = 2.
Tilfredshedsfaktorer er altså over 1, hvilket betyder at du er absolut motiveret for at forandre den nuværende situation.

I andet eksempel, nærmer vi os paradokset (at være tilfreds med at være utilfreds), idet evnen til og muligheden for forandring er større end viljen og ønskerne.

Set ud fra formlen $V \approx Ø = 5$, $E \approx M = 10$; "Brøken" bliver altså $5/10 = 0,5$.

Man kan vel, med ret stor sikkerhed sige, at motivationen til forandring mangler.

Hvordan tolkes resultatet

Vi vil nu se lidt på, hvilke andre informationer vi kan få om os selv og vores livskvalitet.
Kortenes farver henviser / refererer til et af de behov, der er i Maslows behovspyramide.
Nedenstående figur viser hvor 'farverne' hører til.

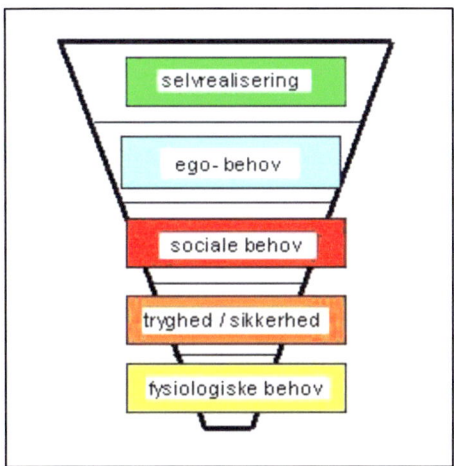

Opfattelsen af livskvalitet er som omtalt meget individuelt,

Men hvis resultatet af "lægges ind" på den ægte behovspyramide, ses det tydeligt at nogle områder er dækket mere end andre – og det er ganske naturligt og normalt.
Den nemmeste måde "at lægge" resultatet ind på, er ved at tælle hvor mange kort der er i de enkelte farver og skrive dem ind på behovspyramiden –

115

Skema til beregning af livskvalitet

mine behov	B	F	K
Gruppe 1 (gule brikker)			
Gruppe 2 (orange brikker)			
Gruppe 3 (røde brikker)			
Gruppe 4 (grønne brikker)			
Gruppe 5 (blå brikker)			
sum			
Vilje til forandring	V		
Ønske til forandring	Ø		
Evne for forandring	E		
Mulighed for forandring			

Husk! Dette gælder kun "i dag" – når du spiller spillet en anden gang, måske allerede i morgen, vil du højst sandsynligt få et lidt andet billede, ligesom det er afhængigt af om du har anvendt A-bunken eller B-bunken.

Du må ikke fortvivle over de varierende resultater, de er kun udtryk for at du er godt på vej til at forbedre din opfattelse af livskvalitet.
Dette gælder naturligvis specielt, hvis du har spillet 'spillet' nogle gange, og fundet frem til nogle ting i din dagligdag, som du har haft lyst til at ændre, og måske allerede har ændret eller er i gang med at ændre.

116

Nye behov

Opfyldelsen af et behov fører automatisk til nye behov

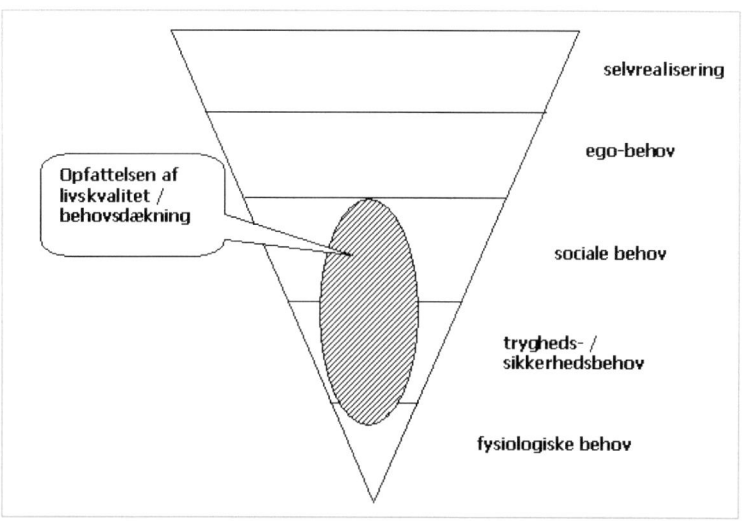

**Kreativ utilfredshed giver tilfredshed,
der er forudsætningen for
ny kreativ utilfredshed.**

Den kreative utilfredshed er den utilfredshed der dig giver lysten til at gøre noget - men bare på en anden måde.
Sagt meget banalt:
Har du først brændt fingrene på en varm gryde, anvender du sikkert en grydelap næste gang.

Du er temmelig utilfreds med at brænde fingrene, men ved at være kreativ utilfreds finder du på, næste gang, at bruge noget der beskytter dig mod varmen fra gryden.

Har du derimod anvendt dit skjorteærme til at tage på den varme gryde, i og for sig også en kreativ løsning, fører din tilfredshed med løsningen til endnu en gang kreativ utilfredshed, (det er jo ikke så praktisk, vel?).

Du finder måske nu frem til at anvende et par grillhandsker, og så har du været hele vejen rundt om at kreativ utilfredshed fører til tilfredshed, der igen fører til kreativ utilfredshed.

Næste "tur" i karrusellen er måske, at det ikke er så nemt at hælde vandet ud af gryden med grillhandsker på, og så er du jo kreativ utilfreds igen!

Find selv på nogle eksempler, hvor du har måttet lave om på dine beslutninger, for at løsningen i længden kunne tilfredsstille dig!

Sarah og Thomas 1977

Hvordan kommer jeg videre
Beslut hvad der skal ske.
Beslut hvordan du vil gøre det

HUSK.

Hvad **vil** jeg?
- Hvad er målet?
- Hvad ønsker jeg?

Hvad **kan** jeg?
- Muligheder i stedet for begrænsninger.
- Vær kreativ (alt hvad der ikke er forbudt, er tilladt).

Hvad **gør** jeg?
- Vurder chance og risiko,
- Eventuelle alternative veje til målet.

Hvordan gør jeg det?
- Hvad gør jeg hvornår og hvordan?
- Hvem kan hjælpe mig? (det er ingen skam at bede om hjælp).

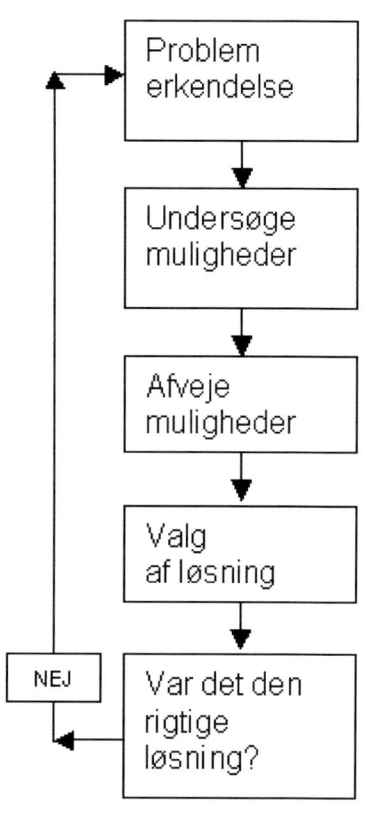

120

Handlingsplan

Begynd med en skematisk oversigt over hvad du vil, du kan altid gøre den mere detaljeret.

Et "boblediagram" som nedenstående (der viser forudsætninger for en biltur til Hanstholm) kan være nyttigt når det gælder et hurtigt overblik over hvilke aktiviteter der indgår i dine ønsker om forandring.

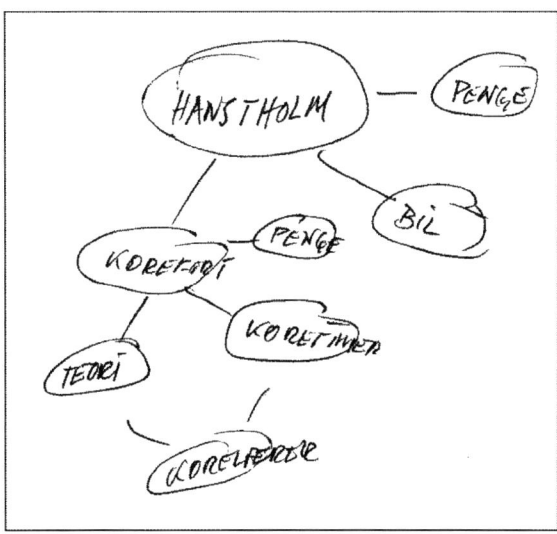

I de fleste tilfælde vil et boblediagram være tilstrækkeligt til at vise dig vejen.

Det kan være "umuligt" at sætte tidsramme samt delmål på de ønsker du har, især hvis det er på det følelsesmæssige område du ønsker forandring.

Går du alligevel i gang med at forsøge at konkretisere en tids- / rammeplan for dine ønsker kan dette være en hjælp til at få klarhed:

De store beslutninger kalder du for hovedmål –
hvordan du løser opgaven kaldes for delmål.

Lad os sige at du vil købe en ny bil, og at du skal
have banken til at finansiere den.
At købe bilen er så et hovedmål,
Hvordan skal du så købe bilen? – tja hvis du har
besluttet dig for hvilken bil og til hvilken pris, har du
jo kun finansieringen tilbage.
Banken vil sikkert gerne have at du kommer med et
budget
Det at tale med banken er så vigtigt, at det er et ho-
vedmål.
Altså:

1. Købe en bil
2. Lave et budget
   a. finde tal til budget
3. udarbejde budget
4. Tale med banke
5. Nu kan du begynde at sætte dato-
   er (deadlines) på.

Andres gode råd -
(udsagn fra andre)

Mit liv har intet formål,
Ingen målsætning,
Ingen mening
Og alligevel er jeg lykkelig
Jeg kan faktisk ikke forstå det
Hvad er det jeg gør rigtigt?
Charles M. Schultz

Af børn og fulde folk
skal man høre sandheden!

Ovenstående er et gammelt udsagn, men derfor er det ikke mindre rigtigt i dag.
Nedenstående, der er "sakset" fra Viborg Nyt den 8. november 1995, giver nogle unge menneskers syn på emnet livskvalitet:

Hvad er livskvalitet?
Denne artikel er skrevet som leder i skoleopgaven "Skriv til avisen".
Eleverne skulle i avisform skrive artikler om emnet "Et bedre liv".
Lederen her i avisen "Livsnerven - ta'r pulsen på livet" er skrevet af redaktørerne Niels, Henriette og Anna, 10. klasse på Bjergsnæsskolen:

Livskvalitet er det der giver livet værdi.
Det er forskelligt fra person til person, men nogle ting er mere eller mindre fælles for alle.
Vi har haft en debat på skolen om værdier i tilværelsen, og her mente størstedelen, at venner, familie og kærlighed var det vigtigste.
Synet på livskvalitet har ændret sig gennem generationer.
I dag er vi så godt stillede, at vi har ressourcer nok til at prioritere de menneskelige værdier som det vigtigste.
Før i tiden stræbte man efter f. eks. en større og bedre gård, for da havde man familien om sig.

Man arbejdede sammen, og bedstemor gik hjemme i huset og passede børnene og strikkede.

Der havde man sin plads og fungerede i en helhed.

I dag sidder bedstemor på et plejehjem og fletter peddigrør.
Mor og far arbejder til kl. 18, og børnene kommer trætte hjem fra skole og giver sig til at glo fjernsyn.

Så er spørgsmålet: Har vi mistet familiesammenholdet?
I nogle sammenhænge "ja".
Løsningen må være, at vi tager os tid til hinanden og lærer at finde vores personlige livskvalitet.

Man kan jo sagtens have en god og kærlig familie, uden at man er klar over det, og uden derfor at værdsætte det.

Det er det samme med mange andre ting.
Man skal glæde sig over det, mens man har det.
Det gør livet lettere i længden.
Det kan let være de små ting, der giver livet kvalitet.
Derfor gælder det om at finde dem og værdsætte dem.

Lise Roos's "Jantelov"

Filminstruktør Lise Roos (1941-1997) har lavet den-
ne livsbekræftende "Jantelov" som et modstykke til
Aksel Sandemoses gamle selvudslettende lov.

1. **Du skal tro på dig selv.**
2. **Du skal tro på, at du dur til noget.**
3. **Du skal tro på, at dine kammera-**
   ter kan lide dig.
4. **Du skal tro på dine kammerater.**
5. **Du skal tro på, at du har betyd-**
   ning for andre.
6. **Du skal le og more dig sammen**
   med dine venner.
7. **Du skal tro på, at der er brug for**
   alle mennesker.
8. **Du skal tro på, at der er plads til**
   alle
   – selvom de ikke er ens.
9. **Du skal tro på, at dine kammera-**
   ter har brug for dig.
10. **Du skal tro på dig selv**
    – og du skal bruge det til
    noget.

Livskvalitetskagen

Forfatteren og lægen Carsten Vagn-Hansen lavede denne opskrift en gang i 1980'erne, men den er stadig gyldig og kan nydes med velbehag:

Grunddejen røres sammen af lige dele:

- Kærlighed
- Tryghed
- Tillid
- Omtanke for andre
- Glæden ved at være sammen med andre

Dejen hæves med svulmende livskraft til den rette sundhedsfylde.
Kagen fyldes med en blanding af:

- Næstekærlighed
- Nærsamfundsaktivitet
- Ansvar
- Humor
- Livsglæde
- Samt et passende mål udfordringer og opgaver.

Det hele røres sammen under glad sang og musik til et livsindhold, der ikke kan undgå at virke sundhedsfremmende, både for kagespiserne og de mennesker, de lever iblandt.
Fyldes i en grænseløs form og bages ved stærk hjertevarme.

Kagen pyntes med tro, håb og endnu mere kærlighed.

Kagen har den forunderlige kraft i sig, at jo mere man deler ud af den, jo lettere bliver det at bage en ny.

Spiser man den dagligt, bliver man nok ældre, efterhånden som tiden går – men aldrig gammel.

Kærlig hilsen

Carsten Vagn-Hansen

Chuang Tsï :
Sjælen og sommerfuglen,
ved Søren Egerod (1923-1995)

citat…
[...] sandheden er relativ.
Men hos Chuang Tsï har vi hele synspunktet fikst og
færdigt udviklet.

Han skriver bl.a.:
Hvis nu du og jeg argumenterer om noget, og du
modbeviser mig, men jeg ikke formår at modbevise
dig:
Har du så virkelig ret og jeg virkelig uret?
Har vi begge to fuldstændig ret eller fuldstændig
uret?
Ingen af os kan være sikker i sin sag.
Hvis jeg skulle opfordre et andet menneske til at
skabe klarhed i sagen, hvem kunne jeg så henvende
mig til?
Hvis en mand som delte dine synspunkter, skulle
afgøre sagen, ville hans afgørelse falde ud til din
fordel.
Hvordan skulle han kunne komme med en uvildig
afgørelse?
Hvis en mand, som delte mine synspunkter, skulle
afgøre sagen, ville hans afgørelse falde ud til min
fordel.
Hvordan skulle han kunne komme til en uvildig afgø-
relse?
Hvis en mand, som er uenig med både dig og mig,
skulle afgøre sagen, ville afgørelsen hverken stem-
me med dine eller mine synspunkter.
Hvordan skulle han kunne komme til en uvildig afgø-
relse?

Og hvis endelig en mand, som var enig med os begge to, skulle afgøre sagen, ville hans afgørelse falde ud til begges fordel.

Hvordan skulle han kunne komme til en uvildig afgørelse?

Siden hverken du eller jeg eller nogen anden kan vide hvem der har ret, hvor kan vi da vide, hvem vi skal stole på?".

Chuang Tsï mener, at det ligger udenfor menneskers rækkevidde at afgøre, hvad der er sandt og falsk, ret og uret.

[...] citat slut.

Livskvalitet i et videre perspektiv

Bjarne Lenau Henriksen
Kirkens Korshær:

» Livskvalitet handler selvfølgelig dybest set om, at livet er værd at leve.

Men det handler også om, hvad vi kan gøre, når livet for nogen er sådan, at det ikke er værd at leve.

Det gælder lige fra de overordnede samfundsmæssige planer til de personlige mellemmenneskelige forhold.

Livskvalitet handler med andre ord ikke blot om det enkelte menneske, den handler også om fællesskab.

Livskvalitet lever naturligvis inde i det enkelte menneskes eget liv, men den er også afgørende for menneskers liv med hinanden. Livskvalitet handler om følelser i mennesker og mellem mennesker.

Livskvalitet handler om holdninger i mennesket og mellem mennesker.

Livskvalitet handler om handlinger, de samfundsmæssige og politiske handlinger, om hvordan mennesker organiserer sig med hinanden«.

131

En lille historie om
En fattig, men lykkelig fiskermand

En fattig fiskermand, nyder hver dag synet af
havet, når han tager ud og fisker:

En dag møder den fattige fisker en rig mand.
Den rige mand synes, at den fattige virkelig er
god til at fiske,
og han spørger ham derfor, hvorfor han ikke fi-
sker noget mere, så han kan købe en større båd?

Hvis han gør det kan han fange flere fisk,
købe et større hus og gøre flere forretninger,
mener den rige mand!
Når han så har fået det hele rigtig op at køre
med forretningerne, så kan han holde mere fri, og
så kan han sætte sig ned og kigge ud over havet
hver dag.

Men det er jo lige præcis det, som fiskermanden
gør hver dag.

Litteratur

Motivation in Work Organisations,
Edward E. Lawler,
Brooks/Cole Publishing Company 1973
www.edwardlawler.com

Ledelse og samarbejde
Christiansen, Jepsen, Skriver, Staunstrup
Trojka 1993

The Maslow Business Reader
Abraham H. Maslow, Deborah C. Stevens
John Wiley & Sons 2000

Tankens magt
Sophus I. Nervil
Strubes forlag 1971

Klassiske Tænkere
Aristoteles, Statslære
Gyldendal 1990

God livsappetit, sund madglæde
Carsten Vagn-Hansen
Holkenfeldt 1989

Sjælen og sommerfuglen
Zhuangzi v/ Søren Egerod
Tanning og Appel 1995

Planternes hemmelige liv (The secret life of plants)
Christofer Bird og Peter Tompkins
oversat af Arne Herløv Petersen
Thanning og Appels forlag 1975

Formelsamling

Edward E. Lawler:

M = (I->P) x summen af (P->B)V

> sandsynligheden for at en **indsats** vil kunne
> føre til en **præstation** ganget med summen af
> de **værdier** der kan tillægges hver af de **be-
> lønninger** den enkelte **præstation** vil kunne
> føre til.

Eggert Petersen:

$$E_b = (K * A * T) \, kft$$

> en beslutnings effektivitet er en funktion af:
> kvaliteten, accepten, samt tiden til overvejel-
> ser, med en korrektionsfaktor for tiden.

Kvalitet er hvad du forventer

K = (I -> B) * ((I -> P)V)

> kvalitetsopfattelsen er en funktion af forvent-
> ningen om, at en given investering vil medføre
> en behovsdækning, ganget med den værdi der
> kan tillægges det ønske om prestige Investe-
> ringen vil kunne føre til.

Livskvalitet 1 - overordnet livskvalitet

K = B/F

Livskvalitet er forholdet mellem den totale behovsdækning og forventningerne til den totale behovsdækning.

Livskvalitet 2 – ønske om forandring

$$K = \frac{B}{F} \succ \left(\frac{V \approx \O}{E \approx M} \right)$$

Livskvalitet er forholdet mellem den totale behovsdækning og forventningerne til den totale behovsdækning, korrigeret med en tilfredshedsfaktor, der er forholdet mellem på den ene side evnen til og muligheden for at forandre egen situation, og på den anden side ønsket om og viljen til at forandre egen situation.

Efterskrift

Det har været trælst, morsomt og ind i mellem umuligt, at forsøge at udvikle en entydig og enkel formel, der kunne bruges til at beregne livskvalitet.
Dette er sket i lyset af tilværelsens mange negative faktorer som f. eks.

$\Rightarrow$ behovsuligevægt,
$\Rightarrow$ hustruvold,
$\Rightarrow$ dyr i fangenskab,
$\Rightarrow$ global opvarmning
$\Rightarrow$ selvcentreret egoisme
$\Rightarrow$ drukkenskab, etc.

For

Når vi taler om socialt velfungerende mennesker, der er i harmoni med sig selv og omgivelserne,

Kan vi / skal vi overhovedet 'beregne' livskvalitet?

Som en gammel jyde, måske, ville sige:
"Wa nøt æ et te?"

Trods dette pessimistiske udsagn,
vil det dog aldrig være uden betydning,
- at stoppe op
- vurdere egen situation
- beslutte om noget kan / skal ændres

og så hele tiden være opmærksom på

at enhver udfordring, som lykkes,
i sig selv giver større tilfredshed
og dermed
større følelse af livskvalitet.

Erik Bundgaard
juni 2015

**Jeg har haft mange problemer,
der aldrig er blevet til noget.**
Mark Twain

Appendix A

Hjælpeskema 1
Hjælpeskema 2
Skema til beregning af livskvalitet
Forslag til tekster - Brikker til spillet

**Lad os leve livet sådan,
at selv bedemanden bliver ked af det,
når vi dør.**
sagt af Mark Twain

Appendix A

Hjælpeskema 1

Hjælpeskema 1	B	F
sammentællinger		

Appendix A

Hjælpeskema 2

Hjælpeskema 2		
Hvad jeg vil ændre		
Hvordan jeg vil ændre det		

Appendix A

Skema til beregning af livskvalitet

mine behov	B	F	K
Gruppe 1 (gule brikker)			
Gruppe 2 (orange brikker)			
Gruppe 3 (røde brikker)			
Gruppe 4 (grønne brikker)			
Gruppe 5 (blå brikker)			
sum			
Vilje til forandring	V		
Ønske til forandring	Ø		
Evne for forandring	E		
Mulighed for forandring	M		

Appendix A

Forslag til tekst - Gule brikker

at:
- kunne spise sig mæt hver dag
- have en god seng at sove i
- drikke kaffe/the øl el. lign.
- kunne sove længe
- kunne sove godt
- være udhvilet
- have en god bolig
- have et godt sexliv
- kunne klare sig under primitive forhold
- have et godt helbred
- have varme og gode klæder
- have mange penge

ikke at forurene omgivelserne

Appendix A

Forslag til tekst - Orange brikker

at:
  - have orden og struktur i tilværelsen
  - føle sig udenfor fare
  - dagen i morgen er sikret
  - have regelmæssighed i tilværelsen
  - være nøjsom og sparsommelig
  - være tålmodig
  - være beskyttet af andre
  - have personlig sikkerhed
  - have et fast arbejde
  - have sikkerhed i ansættelsen
  - have en solid opsparing
  - være økonomisk uafhængig
  - eje fast ejendom (jord eller bygninger)
  - have indflydelse på egen alderdom
  - kunne bruge mine sanser
  - have en kristen / religiøs grundholdning
  - være erotisk tilbageholdende
  - kunne give til tiggere eller velgørende formål

Appendix A

Forslag til tekst - Røde brikker

at:
- tilhøre en gruppe
- være accepteret af andre
- være nært knyttet til andre
- vise og kunne mærke venskab
- vise og kunne mærke hengivenhed
- opleve fællesskab
- kunne lege
- kunne kommunikere med mine omgivelser
- have et hjem med et personligt præg
- have et følsomt sind
- føle ægte kærlighed til et andet menneske
- have et romantisk samliv med en partner
- være socialt bevidst
- have og kunne opdrage børn
- have rigtigt gode venner
- dyrke sport
- være demokratisk
- dyrke sikker sex
- have fritidsinteresser
- besidde tolerance
- have et stærkt familiesammenhold

Appendix A

Forslag til tekst - Blå brikker

at:
- have indflydelse på egen situation
- have selvtillid
- kunne udnytte mine erfaringer
- turde kræve medindsigt
- have et interessant arbejde
- mestre mit arbejde og/eller min fritid
- kunne overse og magte situationer
- kunne træffe egne afgørelser
- være anerkendt af andre
- have udfordringer i dagligdagen
- kunne tåle kritik / at være selvkritisk
- turde tage konsekvenserne af et medansvar
- have nogle gode leveregler
- have en politisk grundholdning
- have et varieret sexliv
- have moderigtigt tøj
- have engagement i egen situation
- kunne samarbejde
- være respekteret af andre
- kunne skifte mening

Appendix A

Forslag til tekst - Grønne brikker

at:
- beskæftige mig med det jeg er bedst til
- kunne udnytte mine evner til det yderste
- være kreativ
- have meningsfyldte opgaver
- være i harmoni med mig selv
- kunne realisere personlige mål
- kunne udtrykke mig selv og mine meninger
- værne om naturen
- besidde kunstneriske egenskaber
- kunne hengive mig til fantasi
- kunne rejse som turist
- kunne udnytte mine erindringer
- holde husdyr
- kunne gøre hverdagen spændende
- have en hobby der udfylder fritiden
- spille golf
- eje eller bruge tekniske hjælpemidler
- have en (koloni-)have
- nyde litteratur (læse mange gode bøger)
- have spontanitet og umiddelbarhed

Dine Notater

Graffiti på spansk husmur.

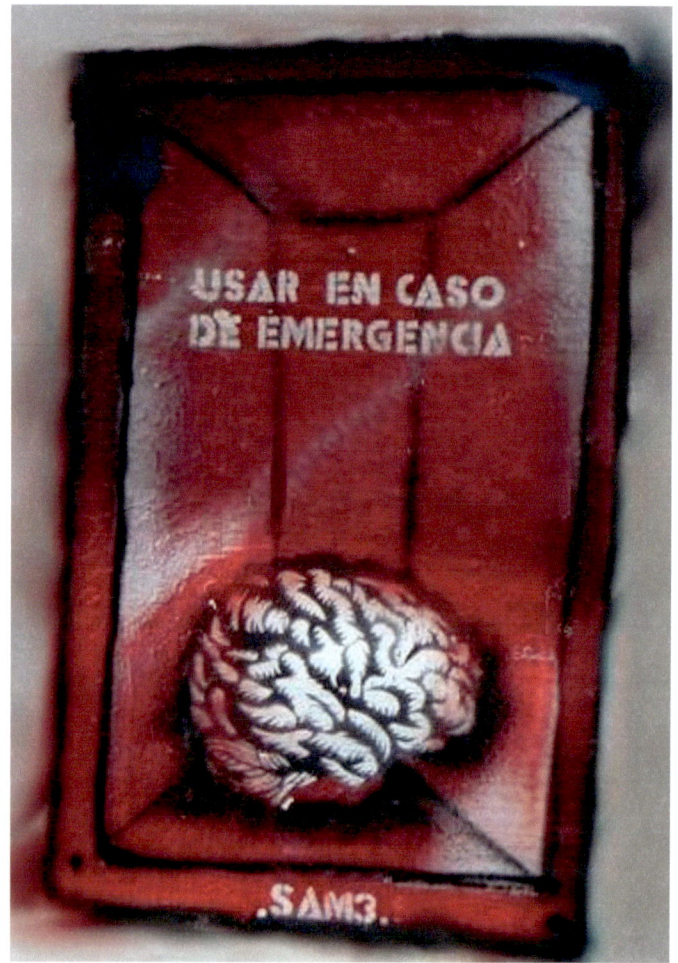

"Bruges i nødstilfælde"